GOLFEN – kinderleicht

Karin Windorfer · Thomas Kreuzer

GOLFEN

kinderleicht

Mit fachlicher Beratung von
Patrick „Paddy“ Kopp, PGA Golf Professional
Illustrationen Bernd Wiedemann

GLOOR Verlag

ISBN-978-3-938037-53-9
3. überarbeitete Auflage

www.gloor-verlag.de
Zeichnungen: Bernd Wiedemann
Printed in Germany

Vorwort

Du bist immer ein Sieger

1. Kapitel

Die Geschichte des Golfspiels

2. Kapitel

Der Golfplatz

3. Kapitel

Die Ausrüstung

Schläger

Bälle

4. Kapitel

Der Griff

5. Kapitel

Was ist bei allen Schwüngen gleich?

6. Kapitel

Schwungvorbereitung

7. Kapitel

Putten

8. Kapitel

Chippen

11. Kapitel

Fairway

12. Kapitel

Abschlag

13. Kapitel

Etikette – Sicherheit und Rücksichtnahme

14. Kapitel

Golfsprache

Du bist immer ein Sieger, ob du nun gewinnst oder nicht. And the winner is …

Bleib fit! Körperbeherrschung und Ausdauer

Wenn du den Golfschwung übst, setzt du dich intensiv mit deinem Körper auseinander, du wirst staunen, was der alles kann. Durch die viele Bewegung an der frischen Luft steigt deine Ausdauer und Kraft.

Bleib cool!

Wenn du schon einige Turniere gespielt hast, werden dir schlotternde Knie und feuchte Hände nichts mehr ausmachen. Wer seinen Abschlag vor Publikum meistert, den kann nichts mehr so schnell aus der Ruhe bringen.

Genieße das Abenteuer!

Golf bringt immer wieder neue Überraschungen und Herausforderungen. Hier kannst du dein Können so richtig zeigen.

1. Kapitel

Die Geschichte des Golfspiels

Das Golfspiel gibt es schon sehr lange. Selbst die alten Römer hatten so etwas Ähnliches. Sie schlugen einen Ball aus Federn mit einem gebogenen Stock.

Die erste Spur führt aber in das Jahr 1297, also fast noch in die Ritterzeit, nach Nord-Holland.
Die Holländer erfanden also nicht nur den Gouda-Käse, sondern auch ein Spiel, das sie „Spelen met Kolven" nannten. Das Wort „Kolv" bedeutet Schläger.

Wusstest du?
Dass gerade dieses Spiel, das noch bis vor kurzem nur den wirklich Reichen vorbehalten war, von den als besonders sparsam bekannten Schotten erfunden wurde?

Damals wurde mit einem hölzernen Schläger eine Holzkugel möglichst nah an einen Stock geschlagen.

Weil die Holländer viel mit ihren Schiffen auf den Weltmeeren unterwegs waren, kam das Spiel Mitte des 15. Jahrhunderts nach Schottland. Die Schotten gruben erstmals kleine Löcher in den Boden, in die der Ball hinein sollte. Also so, wie beim Golfen heute auch.

Die Schotten gelten daher als Erfinder des Golfspiels im heutigen Sinne.

Im 16. Jahrhundert spielte dann auch der Adel Golf. Die feinen Herrschaften nannten es „Gowf".

Wusstest du, dass ein König Golf verboten hat?

Golf wurde so beliebt, dass die Soldaten nicht mehr Bogenschießen übten. Darum verbot das schottische Parlament und der König im Jahr 1457 das Golfspielen, genauso wie Fußball. Es hat natürlich nichts genützt, die Leute spielten trotzdem.

Urkunden belegen, dass Mitte des 17. Jahrhunderts im Raum York (England) „Colf" bekannt wurde. Der erste Golfclub im heutigen Sinn war die Honourable Company of Edinburgh Golfers. Er wurde 1744 gegründet, ein Jahr, nachdem die Kartoffel in Schottland eingeführt wurde.

Erst zehn Jahre später folgte die St. Andrews Society of Golfers, das ist der heutige Royal and Ancient Golf Club of St. Andrews. Ihn solltest du kennen, denn hier werden noch heute die Golfregeln geändert und beschlossen. Er gilt als die Geburtsstätte des Golfspiels.

Wusstest du?
Die ersten Golfregeln wurden Mitte des 18. Jahrhunderts in Schottland niedergeschrieben.

Der erste deutsche Golfclub entstand 1891 in Bad Homburg, der Deutsche Golfverband (DGV) im Jahr 1907. Mittlerweile ist Golf nicht nur für die oberen Zehntausend.

Heute spielt übringens jeder 129ste Deutsche in einem Club Golf. Nach Angaben des Deutschen Golfverbandes sind das ca. 643.000 Golfer auf 722 Anlagen.

Kennst du den berühmtesten Golf-schlag der Menschheitsgeschichte?

Am 6. Februar 1971 schlug Alan Shephard (Handicap 14) während seiner Apollo XIV-Mission einen Golfball auf der Mondoberfläche. Da er in seinen dicken Raumanzug gezwängt war, musste er es zweimal versuchen, bevor er ihn traf.
Das benutzte 6er-Eisen ist im Museum des US-Golfverbandes, dem USGA Golf House, zu bewundern.

Clubhouse

2. KAPITEL

Der Golfplatz

18 Bahnen und mehr

Deine Arena ist ein riesiger Garten, in dem sich verschiedene Spielbahnen befinden, die alle einen unterschiedlichen Schwierigkeitsgrad haben.
Meist sind es 18 Bahnen, manchmal 27, aber mindestens 9. Dazu noch eine Driving Range, um deine Schläge auszuprobieren und ein Clubhaus mit Duschen und einem Restaurant, wo du mit deinen Freunden Siege feiern kannst.

Eine Bahn oder ein „Loch" beginnt mit einem kurz gemähten Oval oder Rechteck mit 2 Markierungen, dem **Abschlag**.

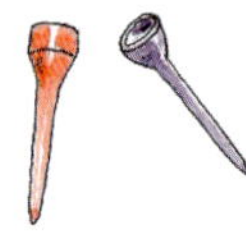

Dahinter, in einem Bereich bis zu zwei Schlägerlängen, legst du deinen Ball auf ein **Tee**. Schlag ihn dann so weit und gerade wie möglich auf das Fairway. Auf dem **Fairway** ist das Gras kürzer als im seitlichen Gras, dem **Rough**. Dort wachsen auch Büsche und Bäume.

Weiße Pfosten auf der Seite markieren das **Aus**. Wenn dein Ball darüber hinaus fliegt, heißt das, wie beim „Mensch-ärgere-dich-nicht", zurück zum Anfang. Beim Golfspiel glücklicherweise nur zum letzten Ort, von dem aus du geschlagen hast.

Deshalb ein guter Tipp:
Wenn du meinst, dein Ball ist ins Aus oder verloren gegangen, spiel noch einen Ball.
Man nennt diesen „provisorischer Ball" Wenn der erste doch nicht aus ist oder jemand ihn findet, zählt der zweite Ball nicht.

Auf dem Fairway gibt es **Bunker**, die du um- oder überspielst. Dies sind kleinere und größere mit Sand gefüllte Gruben, die dir den Weg zum Grün erschweren, bzw. dieses auch schützen sollen. Aber selbst wenn du darin landest, verrate ich dir später ein paar gute Tricks, wie du dich ganz schnell wieder daraus befreist.

Wasserhindernisse - seit 2019 zu Penalty Area (PA) umbenannt - sind kleine Bäche und Teiche, die sich dir manchmal in den Weg stellen. Fällt dein Ball dort hinein und kann nicht geschlagen werden, kostet dich das einen Strafschlag, ganz wie der Name schon sagt (penalty, engl. Strafe).
Das ist aber immer noch besser, als wenn du den Ball ins Aus geschlagen hättest. Dann müsstest du zu der Stelle zurückgehen und neu schlagen. Landet dein Ball in der PA, dann hast du zwei Möglichkeiten. Entweder du gehst wieder zurück oder du lässt den Ball nahe der Penalty Area fallen und spielst von dort.

Mit so wenigen Schlägen wie möglich versuchst du deinen Ball durch diesen Parcours zu bringen und landest schließlich auf dem **Grün**. Das ist eine sehr kurz gemähte Fläche, die wie ein schöner grüner Teppich aussieht. Irgendwo auf

dem liebevoll gepflegten Gras steckt eine Fahne in einem Loch. Dort hinein will dein Ball.

Eine klassische Runde besteht aus 18 solcher Löcher, manchmal auch nur aus 9. Dabei gibt es Par 3, Par 4 und Par 5-Löcher. Die Zahlen bezeichnen die Anzahl der Schläge, die der Platz pro Loch vorgibt. Ein Spieler, der das schafft, ist nicht nur ein guter, sondern wird auch „Scratch-Golfer" genannt. Die Summe der 18 Löcher ergibt klassischerweise ein Par von 72.

Je nachdem, welches Handicap (Hcp) du besitzt, darfst du mehr oder weniger Schläge als das vorgegebene PAR brauchen. Ein Spieler mit dem Hcp von 18 („Bogey-Golfer") darf somit zum Beispiel an jedem Loch einen Schlag mehr machen. In Summe wären das in diesem Fall 90 Schläge.

Das Schöne am Golfspiel ist, dass gute und schlechte Golfer fair gegeneinander spielen können. In anderen Sportarten braucht man meistens gleichstarke Gegner, damit es Spaß macht.

Ein Beispiel:
Der „Scratch-Golfer" (Hcp 0) spielt gegen den Hcp 18-Golfer. Wenn nun der bessere Spieler 72 und sein Mitspieler 90 Schläge braucht (hier spricht man von „brutto"), dann haben beide nach Hcp („Netto") gleich gespielt.

3. KAPITEL

Die Ausrüstung

Schläger

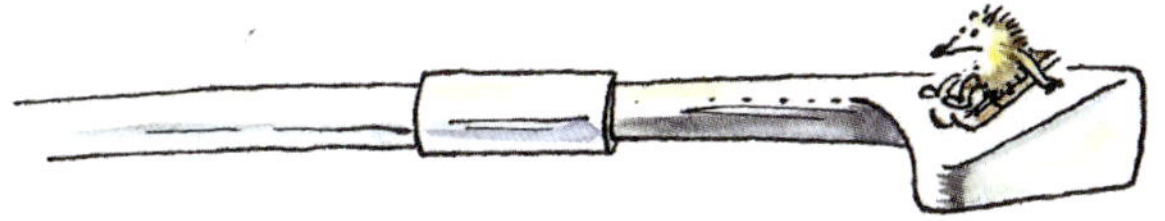

Rechtshänder oder Linkshänder

Es gibt verschiedene Schläger für Rechts- oder Linkshänder. Aber manchmal kommt es vor, dass Leute, die zwar rechts schreiben, trotzdem nicht eindeutig rechtshändig sind.

Es gibt ein paar Tricks, dies herauszufinden:

Trick 1:
Stell dich an einen Hang, schließe die Augen und lass dich nach vorne fallen. Mit welchem Bein stützt du dich ab?

Trick 2:
Schließe die Augen und lass dich auf die weiche Wiese fallen. Mit welchem Arm stützt du dich ab?

Wenn du bei diesen Tests die gleiche Seite benutzt wie beim Schreiben, dann ist das mit großer Wahrscheinlichkeit auch die Seite für dein Golfspiel.

Um herauszufinden, welche Seite besser funktioniert, probiere Schläger für Rechts- und Linkshänder aus. Eventuell gibt es bei dir auch schon Sportarten aus der Vergangenheit, die helfen, sich zu entscheiden. Zum Beispiel spielen viele rechtshändige Eishockey-Spieler linksrum Golf.

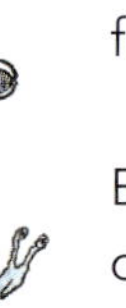

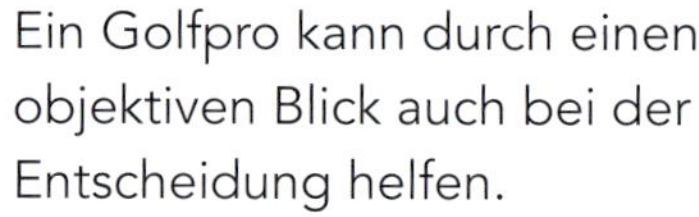

Sei hier ruhig experimentierfreudig.

Ein Golfpro kann durch einen objektiven Blick auch bei der Entscheidung helfen.

Paddybox:
Da jedoch der ganze Golfsport auf Rechtshänder aufgebaut ist, empfehle ich erst mal so anzufangen.

Was für Schläger gibt es?

Putter:

Dies ist ein Schläger, den du sehr häufig brauchst.

Er ist meist kürzer als die anderen Schläger und soll den Ball auf dem Grün zum Rollen bringen. Alle anderen Schläger lassen den Ball in die Luft fliegen.
Es gibt die verschiedensten Arten von Puttern. Probiere aus, welcher am besten zu dir passt und dir gefällt.

Was bedeutet die Schaftlänge?

Innerhalb eines Satzes sind die Schläger unterschiedlich lang.

Je länger der Schaft ist, desto schneller schwingt der Schlägerkopf beim Schlag und desto schneller fliegt der Ball durch die Luft.

Die langen Eisen (Eisen 3 bis 5) sind für die langen, weiten Schläge.

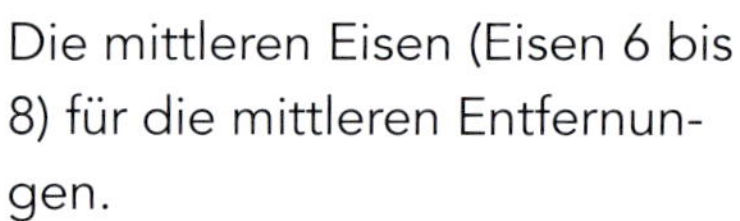

Die mittleren Eisen (Eisen 6 bis 8) für die mittleren Entfernungen.

Die kurzen Eisen und Wedges (Eisen 9 und Wedges) für die kurzen Schläge.

Was bedeutet der Loft?

Dies ist die Neigung der Schlagfläche.

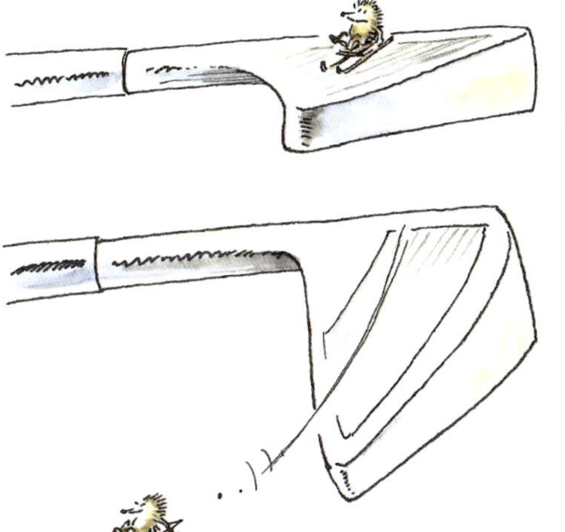

Je kleiner die Nummer eines Schlägers ist (z. B. 3, 4 oder 5), desto geringer ist sein Loft. Schau dir die Zeichnung an! Umso schwieriger wird für den kleinen Igel das Schlittenfahren und umso niedriger fliegen die Bälle.

Jedoch gehen sie weiter und rollen auch noch länger aus.
Je höher die Nummer eines Schlägers ist (z. B. 7, 8 oder 9), desto größer ist sein Loft. Das Lob Wedge hat den größten Loft und hier kann unser Igel am schnellsten herunter sausen.

Umso größer der Loft und umso schneller der Igel hinunter rutscht, desto höher fliegt der Ball. Die Bälle fliegen aber kürzer und bleiben nach dem Aufkommen schneller liegen.

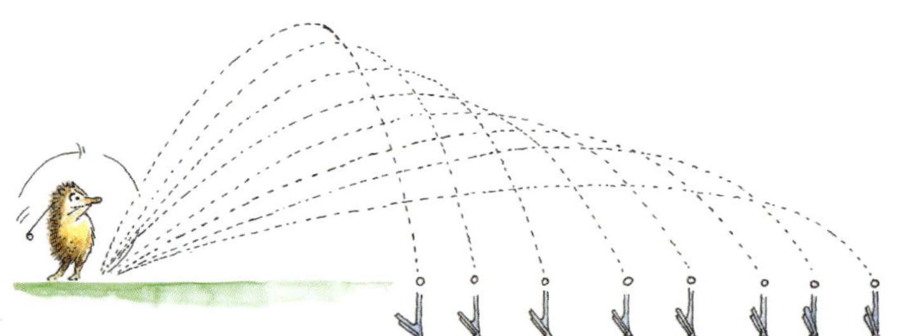

Alles klar?

Je **niedriger** die Schlägernummer:
Schläger ist lang mit **geringem Loft**.
Der Ball fliegt niedrig, aber weit.

Je **höher** die Schlägernummer oder Wedge:
Schläger ist kurz mit **großem Loft**.
Der Ball fliegt hoch, aber kurz.

Warum fliegt bei großem Loft der Ball höher?

Je größer der Loft, desto mehr verfehlt im Treffmoment der Schläger den Schwerpunkt des Balles.
Das bringt den Ball dazu, sich sehr schnell rückwärts zu drehen, der sogenannte Backspin.

Dadurch schraubt sich der Ball höher in die Luft.

Bei großem Loft zeigt die Schlagfläche weit in die Luft und dorthin wird bei einem sauberen Treffer der Ball auch starten.

Mit weniger Loft trifft der Schläger den Ball mehr von hinten. Es gibt einen flacheren Ballflug mit weniger Backspin. Das erzeugt Länge.

Paddybox:
Stelle dich mit dem Fuß auf die Schlagfläche, dass der Schaft nach oben in Richtung des Ziels zeigt. Der Schläger zeigt dir an, wie hoch der Ball circa wegfliegen wird.

Eisen:

Ein Satz Eisen besteht klassisch aus 8 Eisen: Eisen 3 bis Pitching Wedge und einem Sand Wedge.
Ganz früher spielte man sogar manchmal bis zum Eisen 1.

Der modernere Satz sieht wie folgt aus:
1 - 2 Hybride (dickeres Eisen, Mischung aus Eisen und Holz – wird später erklärt)
5 Eisen: Eisen 5 bis Pitching Wedge
2 Wedges: Gap- und Sand Wedge
Manchmal kommt noch ein Lob Wedge (für besondere Schläge) in die Tasche.

Die Schläger unterscheiden sich in ihrer Schaftlänge und ihrem Loft.

Hölzer:

Warum nennt man das Holz Holz?

Früher waren die Hölzer tatsächlich aus Holz gemacht. Heute bestehen sie meist aus Stahl oder Titan.

Diese Metallhölzer verzeihen kleine Ungenauigkeiten beim Schlag besser und schlagen den Ball weiter.

Hölzer haben einen längeren Schaft und einen größeren Kopf als Eisen.

Genau wie bei den Eisen, werden diese je nach Loft nummeriert. Das Holz 1 (der „Driver") hat am wenigsten Loft und den längsten Schaft für die größte Weite. Im Gegensatz zu den anderen Hölzern wird dieser meistens nur zu Beginn der Bahn ausgepackt. Man legt ihn dort auf ein Tee (ein kleiner Holzstab, welcher nur für den Abschlag verwendet werden darf), damit man ihn besser treffen und weiter schlagen kann.

Die anderen Hölzer kann man sowohl vom Tee als auch vom Boden sehr gut nutzen. Es gibt sie mit den Nummern 3,4,5,7,9.

Hybride:

Die oben erwähnten Hybriden sind eine Mischung aus Eisen und Holz. Mit einem kleineren Kopf und einem etwas kürzeren Schaft bieten sie mehr Kontrolle als Hölzer, jedoch sind sie leichter zu spielen als lange Eisen. Viele Leute, vor allem im höheren Alter, greifen auf diesen Luxus zu und erhöhen sich damit den Spaßfaktor.

Wusstest du?
Schläger der Vergangenheit

Früher waren die Schläger handgefertigt aus besonderen Holzarten. Die Schäfte waren meist aus Hickoryholz, aber auch aus Esche und Bambus. Erst im 18. Jahrhundert tauchten die ersten Metallschläger auf. Diese alten Schläger sind jetzt wertvolle Sammlerstücke

Welche Schläger brauche ich wirklich?

Unverzichtbar sind 7er-Eisen, ein Wedge und natürlich der Putter. Im modernen Golf sollte der Driver auch mit dabei sein, denn lange Schläge sind oft sehr wichtig. Viele Anfänger wagen sich öfters nicht an ihn ran, da er aufgrund seines langen Schaftes schwierig zu spielen ist. Wenn man sich jedoch mit Mut daran übt, dann kann er zu einem großen Vorteil werden.

Wusstest du?
Weniger ist mehr!
14 Schläger darfst du mit auf die Runde nehmen. Hast du im Turnier einen mehr dabei, gibt's Ärger!

Wenn du die Lust gefunden hast und du spielerisch besser wirst, dann fülle dein Bag zunächst mit einer 9er, einem 5er Eisen oder einem 5er Holz auf, bevor du den Rest noch dazu nimmst.
Viele unterschiedliche Hersteller bieten oft sehr günstige Komplettsets an.

Es gibt auch die Möglichkeit, den Schläger an dich anzupassen. Dieses Clubfitting (club, englisch für Schläger) hilft dir als Spieler, dein Spiel noch weiter zu verbessern.

Paddybox:
Aus Fehlern lernt man. Wenn ich weiß, das Material stimmt, dann liegt es an mir, mich zu entwickeln.

Bälle

Nimm immer genug Bälle auf eine Runde mit und markiere deinen Ball. So kannst du ihn von denen deiner Mitspieler unterscheiden.

Jeder Ball hat eine Schale aus Urethan (gummielastischer Werkstoff) und eine unterschiedliche Anzahl an Kernen.

Billigere Bälle, wie Übungsbälle, haben unter der Schale nur einen, teurere Bälle haben bis zu 4 verschiedene Kerne.
Je fester man schlägt, umso mehr wird der Ball zusammengedrückt und umso mehr Schichten sind betroffen.

Daher lässt jeder Kern den Ball anders fliegen: höher, flacher, mit mehr oder weniger Spin.
So hat der Driver die höchste Geschwindigkeit, wenn er auf den Ball trifft. Für ihn ist der innere Kern wichtig.
Für die kurzen Schläger kommen die Hülle sowie die äußeren Schichten zum Einsatz.

Je besser deine Fähigkeiten sind, desto wichtiger ist die Wahl deines Balles.

Paddybox:
„Egal welchen Ball du kaufst, spiele immer das gleiche Modell. Man kann nicht das gleiche Ergebnis mit unterschiedlichen Bällen erwarten. So fällt dir das Lernen leichter.

Das Wichtigste sind die Dimples!

Der Golfball hat auf seiner Oberfläche viele kleine Dellen. Je nach Hersteller bis zu 500 Stück.
Diese Dimples sorgen für den Auftrieb des fliegenden Balles, genauso wie die Flügel eines Flugzeuges. Umso mehr Dimples auf dem Ball sind, umso höher und stabiler kann er fliegen.

Wusstest du?
Bälle der Vergangenheit
Früher wurden die Bälle aus Leder genäht und mit Federn ausgestopft (Feathery-Balls). Mitte des 19. Jahrhunderts gab es dann Bälle aus dem gehärteten Saft von Kautschukbäumen. Diese Bälle flogen lang nicht so gut wie die heutigen und gingen auch recht schnell kaputt.

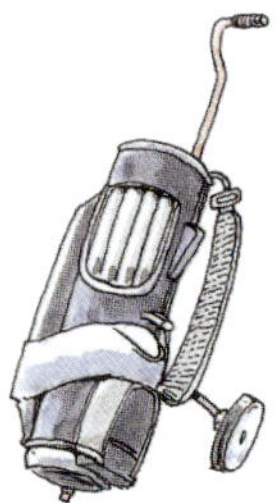

Was brauchst du sonst noch?

Du brauchst eine **Tasche** für deine Schläger und einen **Wagen (Trolley)**, damit du sie bequem ziehen kannst.

Für den Anfang empfiehlt sich jedoch eine Tragetasche. Das leichte **Bag** mit den wenigen Schlägern ermöglicht dir ein schnelleres Vorankommen.

Nimm genug **Tees** mit, auf die du deinen Ball beim Abschlag legst. Es gibt sie aus Holz oder Plastik in den unterschiedlichsten Farben und Formen.

Holztees verrotten in der Natur, zerbrochene Plastiktees wirf bitte in einen Abfallkorb.

Wusstest du?
Vor dem 20. Jahrhundert gab es noch keine Tees. Es gab am Abschlag kleine Sandboxen. Man schüttete den Sand zu kleinen Häufchen auf und schlug von dort den Ball ab.

Ein **Golfhandschuh** ist wichtig, damit dein Schläger nicht rutscht. Wenn er gut sitzt, verhindert er das Verrutschen des Griffes beim Schlag.

Paddybox:
„Ist der Griff lose, geht der Schuss in die Hose."

Es gibt Golfhandschuhe in verschiedenen Größen.
Wenn du Rechtshänder bist, nimm einen für die linke Hand. Linkshänder brauchen einen rechten Handschuh.

Du brauchst einen **Ballmarker,** um deinen Ball auf dem Grün zu markieren, wenn er einen anderen Ball behindert. Hier empfiehlt sich eine kleine Münze.
Wenn dein Ball auf dem Grün landet, hinterlässt er oft eine kleine Delle im Boden. Damit die Bälle mit dem Putter auch wieder gut rollen können, nimmst du zum

Ausbessern dieser Pitchmarke eine **Pitchgabel**. Danach drückst du sie sanft platt

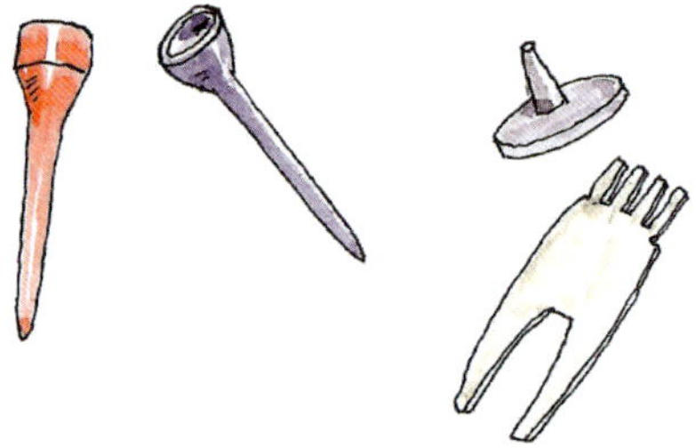

Ein **Handtuch** ist unterwegs praktisch zum Putzen der Bälle und Schläger. Den Ball darf man jedoch nur auf dem Grün (nachdem er markiert wurde) oder zwischen den Spielbahnen sauber machen.

Paddybox:
„Schaue, dass deine Schläger immer gut geputzt sind. Mit einer dreckigen Klinge lässt es sich nicht präzise schneiden."

Denke daran, dich bei Sonne **gut einzucremen** und eine **Kopfbedeckung** zu tragen, damit du keinen Sonnenstich bekommst.

Für einen **Insektenschutz** wirst du vor allem in den Abendstunden dankbar sein.

Da du einen langen Spaziergang durch die Natur vor dir hast, sind auch bequeme, am besten wasserdichte, **Golfschuhe** mit guten Halt wichtig.

Bei Regen vergiss deine **Regenhose**, eine **wasserdichte Jacke** und deinen **Schirm** nicht. Da man beim Golf auch sein Bag vor Wasser schützen sollte gibt es extra große Golf-Schirme.

Wie heißt es so schön: Es gibt kein schlechtes Wetter, es gibt nur schlechte Kleidung.

4. KAPITEL

Der Griff

Die Hände verlängern den Schaft und schwingen den Schläger ganz locker. Kraft brauchst du keine beim Golfspielen, deshalb kann hier ganz leicht ein Kleiner ganz groß sein.

Erinnere dich an den Spruch aus der Paddybox: „Ist der Griff lose, geht der Schuss in die Hose".

Die Kunst ist es, den Schläger festzuhalten, aber in den Handgelenken und im Körper entspannt zu bleiben.

Stell dich ganz bequem hin. Nimm den Schläger als Rechtshänder zuerst mit der linken Hand.

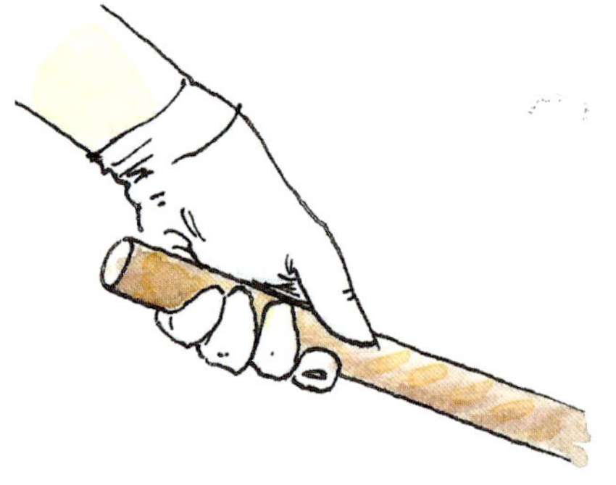

Falls du Linkshänder bist, natürlich mit der rechten. Genauso, als würdest du einen Hammer in die Hand nehmen.

Um zu kontrollieren, ob du gut gegriffen hast, haue den Schlägerkopf ein paar Mal auf den Boden. Wenn du genug Halt und Druck aufbauen kannst, dann liegt er richtig. Ist dem nicht so, dann musst du den Griff vermutlich mehr in die Finger packen.

Paddybox:

„Will ich mit dem Driver weit schlagen, kommt der Griff in die Finger, damit ich einen guten Hebel habe.

Beim Putten liegt der Fokus aber auf Gefühl und Präzision. Lege den Griff hier in die Lebenslinie, damit du den Winkel aus dem Spiel nimmst."

Wenn du die Hand öffnest, sollte der Schläger so in der Hand liegen, wie auf dieser Zeichnung, diagonal zu deiner Lebenslinie bis zur Mitte des Zeigefingers.

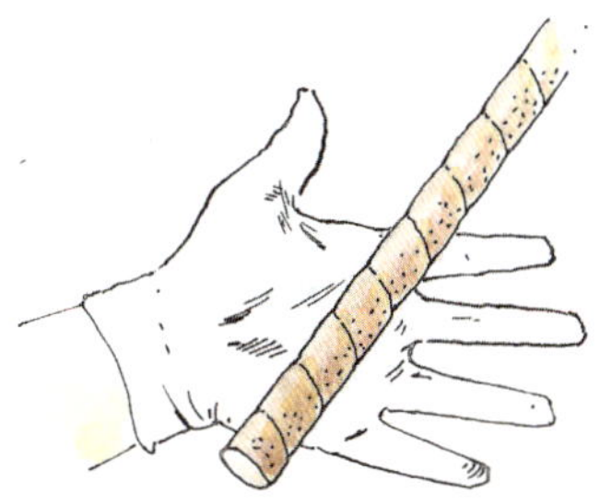

Kontrolle

Blickst du von oben auf die Hand, mit der du den Schläger zuerst greifst, solltest du 1 – 2 Knöchel sehen können.

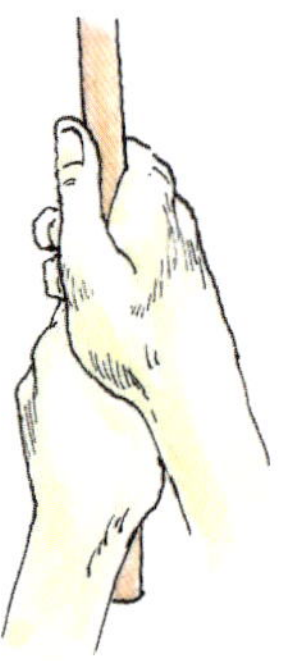

Die zweite Hand, beim Rechtshänder also die rechte, verbindet sich wie ein Puzzlestück mit der anderen. Die Lebenslinie der rechten deckt den Daumen der linken Hand ab.

Paddybox:
„Die Maus kommt ins Haus."

Hier gibt es **3 verschiedene Möglichkeiten**. Die Beschreibung gilt für Rechtshänder. Linkshänder machen es genau andersherum.

Baseball-Griff:

Ideal für Kids

Alle Finger halten den Schläger und liegen neben den Fingern der linken Hand. Falls der Schläger für die ganz Kleinen etwas schwer ist, kann auch eine Lücke zwischen den Händen sein (wie beim Hockey).

Greif mit deiner rechten Hand über den Daumen der linken Hand.

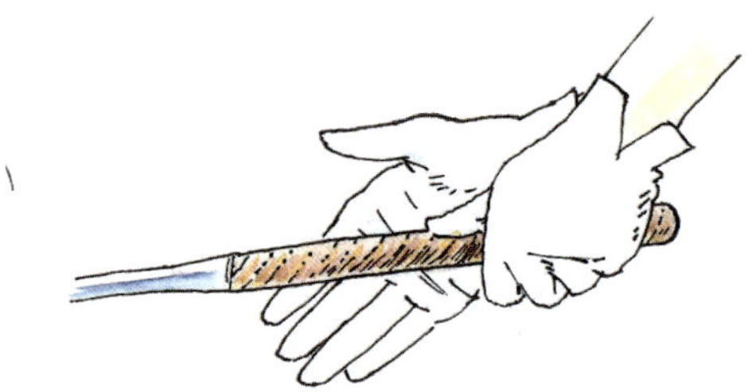

Die Lebenslinie deiner rechten Hand liegt auf dem Daumen. Alle Finger halten den Schläger und liegen neben den Fingern der linken Hand. Nur der rechte Daumen liegt oben auf dem Schlägerschaft.

Überlappender (Overlapping-)Griff:

Im Unterschied zum Baseball-Griff liegt der kleine Finger der rechten Hand nicht auf dem Schlägerschaft, sondern auf dem linken Zeigefinger.

Wusstest du?

Der überlappende Griff wird auch Vardon-Griff genannt. So hieß sein Erfinder, ein berühmter Golfer der vorletzten Jahrhundertwende.

Interlocking-Griff:

Viele Golfer spielen ihn.
Der kleine Finger der rechten Hand wird dem Zeigefinger der linken Hand untergehakt.

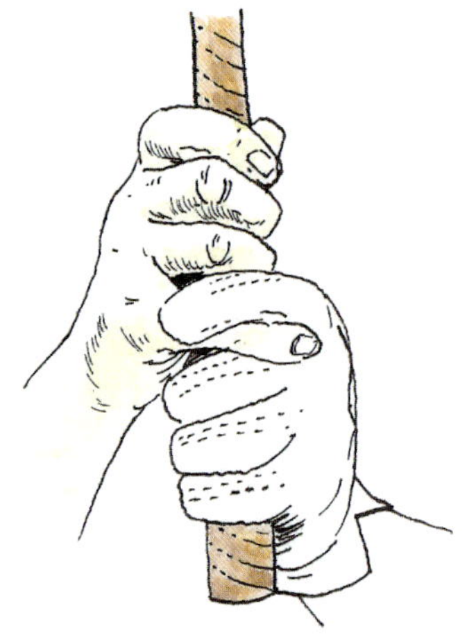

5. KAPITEL

Was ist bei allen Schwüngen gleich?

Einer für Alle – Alle für Einen!
Beim Golfspielen hast du einen Schläger, den du schwingst, um den Ball zu bewegen.

Stell dir vor, dein Golfschläger ist ein Pendel und du bist der Fixpunkt, um den es schwingt.

Du kannst dir auch eine alte Standuhr vorstellen.

Das Prinzip ist immer das Gleiche: ein Drehpunkt und ein Gewicht, das nach unten hängt.

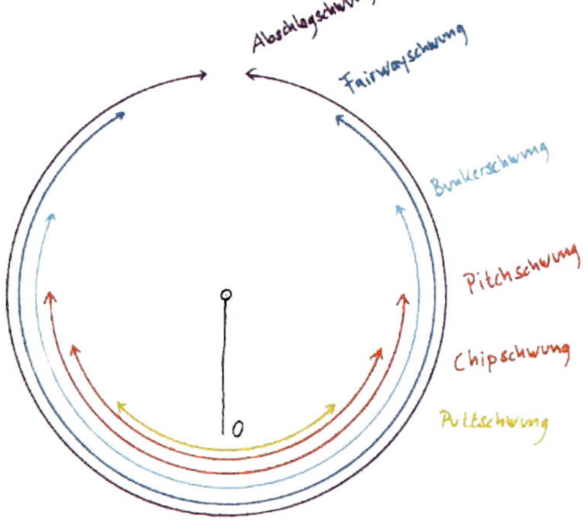

Der Drehpunkt bist du und das Gewicht ist dein Golfschläger.

Diese zwei Dinge sind entscheidend für jeden Schlag:

1. Ein stabiler Drehpunkt: Bleib ruhig und lässig!

Paddybox:
„Wer nicht stehen kann, kann nicht Golf spielen."

2. Das Gewicht: Spüre dein Schlägerkopfgewicht!

Spürst du das Schlägerkopf-gewicht?

Halte den Schläger nach oben und mache die Handgelenke so fest wie möglich. Spürst du, wie schwer die Spitze deines Schlägers ist? Sicher nicht!

Jetzt schüttle die Hände aus. Lass die Handgelenke nun so locker wie möglich und halte den Schläger erneut nach vorne. Spürst du jetzt das Gewicht am Ende des Schlägerschafts? Na siehst du!

Dieses Schlägerkopfgewicht solltest du immer spüren, bevor und während du einen Schwung machst.

Für den optimalen Schwung benutzen gute Spieler das Gewicht des Schlägerkopfes.

6. KAPITEL

Schwungvorbereitung

Egal, ob du mit deinem besten Freund spielst oder vor großem Publikum:

Die immer gleiche Vorbereitung lässt dich bei jedem Schlag cool und locker sein. Dies gilt für den Putt genauso wie für den weiten Abschlag.
Denke daran! Der Flug deines Balls ist das Ergebnis deines Schwungs.

1. Zielen

Wo ist die Fahne? Gehe ein paar Schritte zurück und stelle dich hinter den Ball. Wenn du die Fahne noch nicht sehen kannst, suche dir einen geeigneten Zielpunkt.

Wenn du einen anderen auffälligen Punkt zwischen dir und deinem Zielpunkt entdeckst, dann benütze auch diesen zur Orientierung. Wähle den geeigneten Schläger für diese Aufgabe.

Denke beim Zielen an Eisenbahnschienen. Die gedachte Linie zwischen Ball und dem entfernten Zielpunkt ist der eine Schienenstrang.

Parallel dazu verläuft der andere Schienenstrang. Dieser läuft durch deine Schuhspitzen seitlich am Ziel vorbei.

Parallel stehen!

Gehe hinter den Ball und suche die Linien zwischen Ball und Zielpunkt. Lege parallel dazu einen zweiten Schläger auf den Boden.

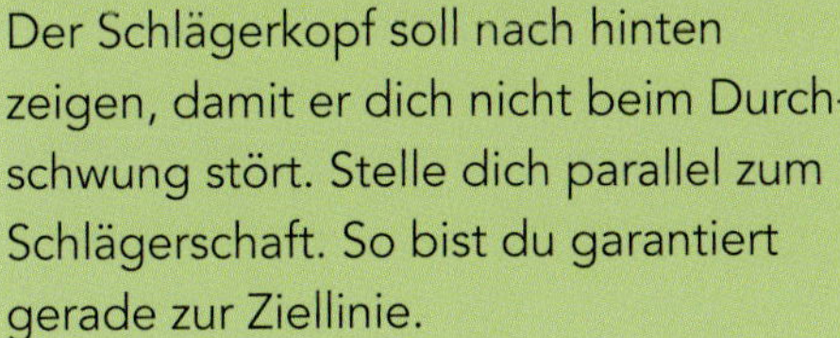

Der Schlägerkopf soll nach hinten zeigen, damit er dich nicht beim Durchschwung stört. Stelle dich parallel zum Schlägerschaft. So bist du garantiert gerade zur Ziellinie.

Im modernen Golf nehmen Spieler auch gerne sogenannte „Alignment Sticks". Das sind zwei einfache Stecken, die du statt deines Schlägers hinlegen oder sie für eine Übung irgendwo in den Boden stecken kannst.

2. Bequem stehen – Sprich den Ball an!

Füße flach auf den Boden und leicht in die Knie, nach vorne beugen und Arme baumeln lassen, Schläger in die Hand und ohne Verdrehung auf den Boden aufgesetzt, so stehst du richtig.

Wusstest du? Ansprechen des Balls

Wenn du den Ball ansprichst, heißt das nicht, dass du ihm Neuigkeiten erzählen willst. Mit der Ansprache des Balls meint man die Haltung, die du vor dem Schlag einnimmst: Wie du stehst, wie du dich zum Ziel hin ausrichtest und wo dein Ball liegt.

Dies sind alles kleine Puzzleteile, die in ihrer Gesamtheit das Ansprechen des Balls bezeichnen.

Der Schläger sollte nicht glatt auf dem Boden liegen. Unter die Spitze des Schlägers sollte eine kleine Münze passen.
Warum? Im Schwung biegt sich die Nase leicht nach unten. Wenn du den Schläger richtig hingestellt hast, sollte er mit der Sohle zum Treffmoment des Balles glatt über bzw. durch den Boden gehen.

3. Schlägerkopfgewicht spüren

Hebe den Schlägerkopf an und bewege ihn leicht hin und her.

Tipp:
Wenn du das Gewicht der Schlägerspitze nicht spürst, dann halte den Schläger locker zwischen Daumen und Zeigefinger und pendle den Schlägerkopf leicht hin und her.
Dieses Gefühl solltest du auch beim Schlag haben.

4. Mache einen Probeschwung

Dieser sollte genauso wie dein Schwung mit dem Ball sein. Meist ist er sogar besser, weil du dich auf deinen Schlag und nicht auf den Ball konzentrierst.

Tipp:
Wenn du dir bei deinem Schwung unsicher bist, schließe die Augen und mache ein paar Schwünge, ohne den Ball zu sehen. Du wirst erstaunt sein, wie der plötzlich fliegen kann.

7. KAPITEL

Putten

Viele Golflehrer bauen ihren Unterricht immer vom Putten her auf. Das Putting-Grün ist der erste Treffpunkt bei Kursen und auch genau dort solltest du viel Zeit verbringen.

Eine ganze Runde hat 18 Löcher und ein Par von 72 Schlägen. Dabei geht man von 2 Putts pro Loch aus, das sind 36 Putts pro Runde.

Wenn du beim Putten gut bist, hast du schon halb gewonnen.

Wusstest du?

Putten macht ungefähr 43% des Golfspiels aus.

Rollend ins Ziel

Putten ist der einzige Schlag, bei dem der Ball nicht in die Luft fliegen soll, sondern am Boden rollt.

Training: Den Ball zum Rollen bringen!

Übungsbälle haben einen Streifen aufgedruckt. Legen den Ball vor dich hin, dass der Streifen von oben sichtbar ist. Nun stelle dich parallel zu diesem Streifen und versuche, den Ball mit deinem Putter zum Rollen zu bringen.
Schau dem Ball nach. Wenn der Ball perfekt rollt, wirst du einen geraden Streifen sehen. Wenn der Ball „eiert", das heißt der schwarze Streifen hin und her wackelt, dann probiere es noch einmal. Wiederhole diese Übung bis es klappt!

Der Puttgriff

Es gibt viele verschiedene Griffarten. Egal wie du den Schläger nimmst, schaue, dass der Schaft so gut es geht durch deine Lebenslinie verläuft. Somit bleibt der Schläger stablier. Eine beliebte Haltung ist ein „Reverse-Overlap-Griff".

Reverse-Overlap-Griff:

Er ist wie der Überlappende Griff, nur dass der Zeigefinger der linken Hand die rechten Finger überlappt. Für Linkshänder natürlich umgekehrt.

Wusstest du?

Viele Golfer ziehen beim Putten und Chippen ihren Handschuh aus.

Man macht das, weil man so mehr Gefühl in den Fingerspitzen hat.

Tipp:

Nimm irgendeinen Gegenstand in die Hand. Wenn ihr mehrere seid, reicht einen Gegenstand herum. Mit welchem Finger hast du ihn genommen?
Mit Daumen und Zeigefinger, richtig? Zeigefinger und Daumen sind die wichtigsten Finger deiner Hände, wenn es ums Festhalten und Greifen geht.

Wichtig beim Griff ist, dass diese 2 Finger auf dem Schlägerschaft sind. Also locker bleiben und los geht's!

Wusstest du? Warum hat man spezielle Griffe fürs Putten entwickelt?
Sie alle sollen nur sicherstellen, dass du deine Handgelenke nicht bewegst. Wichtig ist aber nur, dass Zeigefinger und Daumen auf dem Schaft sind.

Das Pendel

Stell dir vor, du bist eine große alte Standuhr. Dein Kopf und dein Unterkörper sind ganz ruhig. Die Arme mit dem Putter sind das Uhrpendel und schwingen ruhig

und gleichmäßig hin und her. Das ist das ganze Geheimnis beim Putten.
Die Arme pendeln locker und der Rest deines Körpers ruht sich aus. Die Hände verbinden nur die Arme mit dem Putter, sonst machen sie nichts.

Wo liegt der Ball?

Bei einem Pendel müsste der Ball nach aller Logik in der Mitte, also genau vor deinen Füßen liegen.
Beim Halten des Schlägers liegt aber im Regelfall deine rechte Hand weiter unten auf dem Griff. Wenn du nun locker stehst, wird deine rechte Schulter auch etwas tiefer als die linke sein.
Deine Schultern sind dann auch nicht mehr parallel zum Boden, sondern etwas schräg.
Der tiefste Punkt des Pendels ist deshalb etwas nach links versetzt. Der Ball, der ja der tiefste Punkt des Pendels ist, muss also fast gegenüber der linken Ferse liegen.
Bei Linkshändern gilt das natürlich auch, nur umgekehrt.

Training macht den Meister, also nichts wie raus aufs Putting-Grün:

Training 1: Gefühl für die Länge!

Mach dir mit Münzen einen Kreis um das Loch. Als einfachen Radius kannst du hierfür einfach eine Putterlänge nehmen. Putte nun aus verschiedenen Entfernungen und versuche zumindest in den Kreis zu treffen. Je besser du wirst, desto kleiner kannst du deinen Zielkorridor stecken.

Mach eine Challenge draus, dann bleibt das Training spannend. Lege dir 5 Punkte fest (z.B. 2, 4, 6, 8, 10 m). Versuche nun alle 5 Putts hintereinander zu lochen bzw. in den Kreis zu putten. Schaffst du einen nicht, fängst du wieder von vorne an.

Training 2: Gefühl für deine Bequemzone!

Lege fünf Häufchen Bälle immer weiter weg vom Loch. Jedes Häufchen besteht aus vier Bällen. Fange in 25 cm Entfernung vom Loch an, das letzte Loch sollte ca. 2 m weg sein.

Nun rolle alle vier Bälle aus einem Häufchen nacheinander mit einem Schlag ins Loch. Erst wenn du das geschafft hast, darfst du in die nächste Stufe zu den nächsten vier Bällen.

Falls einer daneben geht, fang bei der ersten Stufe wieder von vorne an. Wie beim Mensch-ärgere-dich-nicht-Spiel, zurück zum Start.

Gar nicht so leicht oder? Die erste und meist auch die 2. Stufe sind ganz einfach. Der Ball rollt wie magnetisch ins Loch. Das ist deine Bequemzone, die Entfernung, aus der du immer locker und cool den Ball im Loch versenkst. Aber spätestens in der 3. Stufe fängst du an zu kämpfen, und der Ball verfehlt manchmal sein Ziel.
Das Wort „kämpfen" sagt schon, warum hier nicht alles so glatt geht. Bei der ersten und zweiten Stufe bist du dir meist sehr sicher und alles geht von ganz allein. Spätestens bei der dritten Stufe fangen die Überlegungen an, und du verkrampfst dich.

Wenn ein Tausendfüßler beim Gehen gefragt wird, welches Bein als nächstes kommt, dann stolpert er. Also immer entspannt bleiben !!!

Paddybox:
„Profigolfer schaffen aus 2 m auch nur ca. 6 von 10 Putts. Also ärgere dich nicht, wenn mal einer vorbei geht."

Training 3: Gefühl für die Richtung!

Lege 8 Bälle in ca. 25 cm Entfernung kreisförmig um das Loch. Dies ist 8mal die gleiche Entfernung aus 8 verschiedenen Richtungen. Wenn du die Bälle eingelocht hast, dann lege einen neuen Kreis eine Putterlänge weiter vom Loch entfernt. Versenke die Bälle, mach den Kreis wieder größer, und das Spiel beginnt von Neuem.

Ball markieren

Auf dem Grün kann es sein, dass dein Ball nahe der Puttlinie eines Mitspielers liegt. Dann markierst du ihn und nimmst ihn hoch bis du an der Reihe bist. Diese Markierung kann ein Ballmarker oder eine kleine Münze sein, die du hinter den Ball legst.
Wenn dein Ball genau in der fremden Puttlinie liegt, kannst du die Markierung auch um die Länge eines Putterkopfes zur Seite versetzen.

Vergiss aber nicht, den Ball danach wieder an seinen ursprünglichen Platz zu legen!

Grünlesen – Lektüre auf dem Golfplatz

Gehe hinter den Ball und blicke zum Loch. Du wirst sehen, dass das Grün meist uneben und hügelig ist.
Dein Ball wird also nicht immer gerade rollen, sondern an bestimmten Punkten seine Richtung ändern.
Diese Punkte nennt man **Breaks.**

Wusstest du?

Auf dem Grün darfst du den Ball markieren und ihn dann hoch heben, um ihn sauber zu machen. Wenn du ihn wieder hinlegst mach das so, dass der Schriftzug in Richtung Loch weist. So ist es leichter beim Putten die richtige Richtung zu finden.

Geht es aufwärts, gib mehr Schwung; geht es abwärts, brauchst du weniger Rückschwung.
Unterteile die Strecke zwischen Ball und Loch in Abschnitte und überlege, wie der Ball sich verhalten wird. Ziele dann auf die Stelle, an der du annimmst, dass der Ball seine Richtung ändert.
Den Rest macht dein Ball dann ganz von allein.

Blauäugig oder Rechtsäugig?

Beim Putten kannst du manchmal ein seltsames Verhalten deiner Mitspieler beobachten. Jemand hält den Schläger auf dem Grün vor seine Augen und blickt in Richtung Loch. Dann pendelt er den hängenden Schläger aus und blinzelt dabei angestrengt mit den Augen.

Wusstest du?
Ein Break ist ein Punkt auf dem Grün, an dem der Ball seine Richtung ändert. Wenn möglich, lies das Grün bergauf, damit du die Breaks nicht unterschätzt.

Was hat das zu bedeuten?

Damit will man die Richtung des Lochs und die Neigung des Grüns bestimmen. Also, ob der Ball gerade oder im Bogen nach unten oder oben rollt.

Dafür kann dieses „Ausblinzeln" manchmal hilfreich sein. Man pendelt den Schläger vor den Augen so aus, dass er eine Linie zwischen Loch und Ball bildet.

Wusstest du?
Tritt nicht in die Puttlinie deiner Mitspieler. Durch deine Fußabdrücke könntest du den Ball beim Rollen beeinflussen.

Diese Linie nimmst du dann genauer unter die Lupe.

Wichtig dabei ist aber, dass du mit dem richtigen Auge blinzelst.

Genauso wie jeder Mensch Rechtshänder oder Linkshänder ist, ist er auch rechtsäugig oder linksäugig. Dies ist das Auge, dem dein Gehirn am meisten vertraut.

Um herauszufinden ob du rechtsäugig oder linksäugig bist, gibt es einen einfachen Test.

Test:
Blicke mit beiden Augen auf einen Gegenstand, der etwas weiter von dir entfernt ist. Nun verdecke diesen Gegenstand mit deinem Daumen. Du wirst den Daumen und den Gegenstand verschwommen übereinandergelagert sehen. Probiere es einfach aus.

Dann schließt du das linke Auge und blickst nur mit rechts. Wenn der Gegenstand jetzt unter deinem Daumen verdeckt ist, dann bist du rechtsäugig.

Blickst du nur mit deinem linken Auge, wird der Gegenstand unter deinem Auge hervorspringen. Du siehst ihn dann rechts von deinem Daumen. Für „Linksäuger" gilt das natürlich umgekehrt.
Wenn du nun den Schläger auspendelst, benutze dein wichtiges Auge.

Tipp:
„Rechtsäuger" schließen beim Auspendeln das linke Auge, „Linksäuger" das rechte.

8. KAPITEL

Chippen

Dein Ball ist in der Nähe des Grüns gelandet. Die kurzen Annäherungsschläge machst du nun mit dem Chip-Schlag.

Der Ball fliegt niedrig eine kurze Strecke und rollt auf dem Grün lang aus.

Das Ziel ist, ihn möglichst nah zur Fahne zu spielen, in deine Bequemzone.

Bequemzone:
Erinnerst du dich? Das ist der Bereich um die Fahne herum, aus dem du deinen Ball jederzeit mit eine Putt ins Loch rollen lassen kannst.

Stelle dir deine Bequemzone wie ein großes Fass oder ein Planschbecken vor, in das du deinen Ball spielst. Der Ball soll beim Chip in dieser Bequemzone ausrollen.

Wenn du ein Experte im Putten und Chippen bist, bist du schon Experte in über der Hälfte des Spiels.

Wusstest du?
Chippen macht ungefähr 14% des Golfspiels aus. Zusammen mit dem Putten hast du dann schon 57%.

Große Auswahl! Welchen Schläger nehme ich?

Man kann mit jedem Schläger chippen. Bei kurzen Entfernungen nimmst du einen Schläger mit mehr Loft, z. B. das 9er-Eisen oder ein Wedge.
Für etwas längere das 7er- oder das 6er-Eisen mit etwas weniger Loft. Du kannst sogar mit dem Putter chippen.

Ich nehme zum Chippen auch gerne den Putter! Wenn das Gras aber zu dicht ist, nehme ich ein Eisen mit mehr Loft, z. B. ein 7er-Eisen oder ein Wedge. Gut hierfür ist auch ein Hybrid. Mache eine Puttbewegung und der Ball wird wegen des Lofts ein wenig über die Unebenheiten hüpfen und danach ausrollen.

Wo liegt der Ball?

Der Ball liegt etwas rechts von der Mitte vor deinen Füßen. Wenn der Ball zu weit links liegt, triffst du zuerst den Boden, und der Schwung wird gebremst.

Wenn der Ball zu weit rechts liegt, triffst du den Ball zu weit oben, und er springt dorthin, wo er will, aber bestimmt nicht ins Loch.

Wusstest du?
Wenn man den Putter außerhalb des Grüns benutzt, nennt man ihn auch Texas Wedge.

Der Chipschwung

Stelle dich locker hin. Die Füße sollten nicht weiter auseinander sein, als deine Hüften breit sind. Schwinge den Schläger von rechts nach links. Linkshänder natürlich von links nach rechts.
Der Schlägerkopf sollte beim Schwung, wenn er den Ball trifft, leicht den Boden streifen.

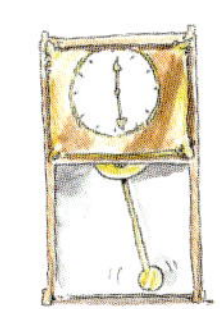

Erinnerst du dich an das Pendel beim Putten. Die gleiche Bewegung brauchen wir wieder beim Chip.
Der Rückwärts- und Vorwärtsschwung ist nur etwas größer als beim Putten. Das ist das ganze Geheimnis!
Wenn du den Schlag beendet hast, zeigt dein Schlägerblatt in die Richtung deines Ziels. Halte deine Handgelenke locker und entspannt, damit du das Schlägerkopfgewicht spüren kannst.

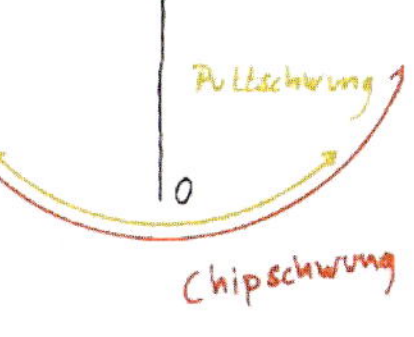

Das linke Handgelenk sollte aber nicht abknicken. Dein Körper schwingt leicht mit.

Was kommt immer zuerst? Denke an die Schwungvorbereitung!

1. Zielen

Gehe hinter den Ball und blicke zum Ziel. Was siehst du zwischen Ball und Loch?

Überlege, wie der Ball fliegt, damit er in deiner Bequemzone landet! Ist der Boden auf dem Grün uneben? Wie könnte der Ball abgelenkt werden? Gibt es irgendwelche Hindernisse zwischen Ball und Loch? Wie stark ist der Wind und aus welcher Richtung kommt er?

Wenn du zwischen Ball und Ziel einen anderen auffälligen Zielpunkt entdeckst, dann kannst du dich auch auf diesen konzentrieren. Wie weit und in welche Richtung soll der Ball rollen?

Suche dir den Punkt auf dem Grün aus, den du mit deinem Ball treffen willst und von wo aus der Ball ins Loch rollen soll.

Denke dir die Linie zwischen Ball und Zielpunkt und stelle dich parallel dazu auf. Sicher kannst du dich an das Beispiel mit den Eisenbahnschienen erinnern.

2. Bequem stehen

Atme ruhig und sei cool.

3. Schlägerkopfgewicht spüren

Hebe den Schlägerkopf leicht an und bewege ihn leicht hin und her bis du das Gewicht an der Schlägerspitze deutlich spürst.

4. Probeschwung

Und los geht's!

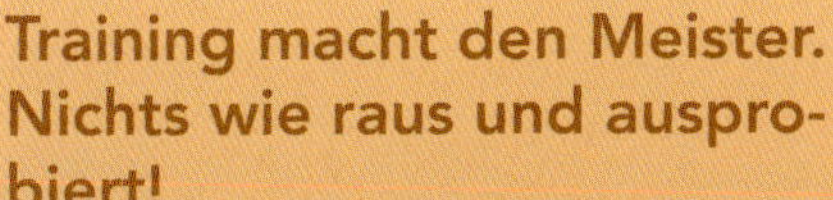

Training macht den Meister. Nichts wie raus und ausprobiert!

Neben dem Übungsgrün für das Putten gibt es auf dem Golfplatz auch ein Übungsgrün zum Chippen und Pitchen.

Je öfter du es ausprobierst, desto besser wird dein Gefühl für die Entfernung und Richtung. Die Erfahrung lässt dich immer sicherer werden.

Training 3: Gefühl für die richtige Länge und Richtung

Chippe ein paar Bälle auf das Grün. Beobachte jeden Ball, bis er liegen bleibt. Wenn du merkst, dass die Bälle eine bestimmte Richtung bekommen und eine ähnliche Länge haben, dann hast du deinen Rhythmus gefunden. Suche dir jetzt ein Ziel. Spiele den Ball in deine Bequemzone. Wenn das sicher und regelmäßig klappt, suche dir eine neue Bequemzone.

Mach das so oft wie möglich.

Du lernst, wie weit du den Schläger hin und her schwingst, um eine bestimmte Länge zu erreichen.

Du lernst, wie du dich hinstellst, um den Ball in eine bestimmte Richtung zu spielen.

Ein kleiner Test:

Lass deine Freunde ein paar Bälle auf das Übungsgrün chippen. Dann frage sie plötzlich, wo denn der letzte Ball liegen geblieben ist. Na? Wussten alle wo ihr Ball liegen geblieben ist? Sicher nicht!

Training:
Spiele von 3 verschiedenen Stellen aufs Grün. Dein Ziel ist es, mit jeweils 3 Schwüngen (1x Chippen und 2 Putts) im Loch zu sein. Chip und Putt kommt immer zusammen.

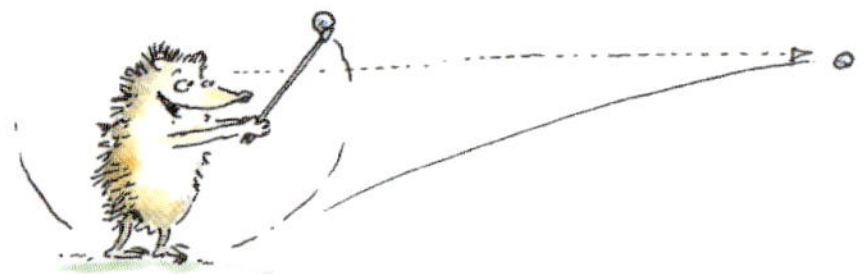

Wichtig beim Training ist, dass du immer dem Ball nachblickst. Nur dann bekommst du ein Gefühl für die Entfernung und den dazu passenden Schwung.

Paddybox:
„Im Golf spricht man hier von „Up and Downs". Chippen („Up"; Englisch für hoch) aufs Grün und Putten („Down"; Englisch für runter) ins Loch. Auch wenn dein Chip mal nicht so toll ist, kannst du ihn durch einen Putt wieder retten."

9. KAPITEL

Pitchen

Dein Ball ist in der Nähe des Grüns gelandet. Er ist zu nah am Grün für einen vollen Schlag mit dem 9er-Eisen. Jetzt kommt die große Stunde des Pitchschwungs.

Beim Pitch fliegt der Ball eine kürzere Entfernung hoch in die Luft und landet dann auf dem Grün. Beim Chip soll der Ball wenig fliegen und viel rollen. Hier ist es umgekehrt: viel Flug und wenig Rollen.

Daher setzt du ihn auch immer dann ein, wenn ein Hindernis zwischen dir und dem Loch ist. Dies kann z. B. hohes Gras, Büsche und Bäume oder ein Bunker sein.

Die Pitchmarke:

Der gepitchte Ball hinterlässt meist eine kleine Delle auf dem empfindlichen Boden des Grüns. Diese nennt man Pitchmarke. Wenn du auf dem Grün bist, besserst du die Pitchmarke mit deiner Pitchgabel aus.

Stecke die Pitchgabel in deine Hosentasche!

So hast du sie auf dem Grün immer dabei, um deine Pitchmarke zu beseitigen. Bessere auch andere Pitchmarken auf dem Grün aus. Der Greenkeeper wird sich freuen. Er ist auf dem Golfplatz mit seinem Team für die Platzpflege zuständig.

Wusstest du?

Pitchschläge machen ungefähr 11% des Golfspiels aus. Mit Pitchen, Chippen und Putten beherrscht du schon ungefähr 68% des Spiels. Dein Ball ist dabei noch nicht mal 70 m weit geflogen.

Unterschied Chippen – Pitchen:

Chip: Kürzere Entfernung und kein Hindernis zwischen Ball und Loch. Ball verbringt mehr Zeit beim Rollen auf dem Grün als in der Luft.

Pitch: Größere Entfernung oder Hindernis zwischen Ball und Loch. Ball verbringt mehr Zeit in der Luft als beim Rollen auf dem Grün.

Welchen Schläger nehme ich?

Jetzt kommen meistens deine Wedges zum Einsatz. Diese Schläger haben einen großen Loft, so dass der Ball schön hoch in die Luft fliegt.
Je nachdem, welche Aufgabe vor dir liegt nimmst du eines deiner Wedges. Das Lob Wedge hat den größten Loft und somit fliegt der Ball am höchsten, aber auch am kürzesten. Dafür bleibt er am schnellsten liegen.

Paddybox:
„Man kann auch ein 7er Eisen oder den Driver „Pitchen". Hiermit ist dann ein halber Schlag gemeint. Viele gute Spieler machen dies im Wind, damit der Ball nicht so hoch fliegt und kontrollierter bleibt."

Probiere die verschiedenen Schläger aus. So wirst du bald genau wissen, welcher Schläger für dich für welche Entfernung der richtige ist.

Wo liegt der Ball?

Es gibt unterschiedliche Möglichkeiten, den Ball vor dich hinzulegen. Alle wirken sich anders auf den Flug deines Balles aus.

Lass den Schlägerkopf beim Schwung immer leicht den Boden streifen.

Ball liegt etwas links von der Mitte:
Er fliegt höher und rollt weniger.

Ball liegt in der Mitte:
Er fliegt hoch und rollt aus.

Ball liegt etwas rechts von der Mitte:
Er fliegt flacher und rollt weiter aus.

Der Pitchschwung:

Stelle dich locker hin. Die Füße sind etwas weiter auseinander als beim Chip. Das Gewicht deines Körpers ist ein wenig mehr auf den linken Fuß verteilt.

Erinnerst du dich an das Beispiel mit den Eisenbahnschienen beim Zielen?
Denke dir eine Linie zwischen Ball und Loch. Entlang dieser Linie soll dein Ball fliegen.

Füße und Schultern sind parallel zu dieser Linie. Aber beim Pitch wird der linke Fuß etwas zum Ziel hin geöffnet. Er zeigt hier also etwas nach außen. Das hilft beim Schwingen.
Bei Linkshändern gilt das für den rechten Fuß.

Der Rückwärts- und Vorwärtsschwung ist größer als beim Chippen, aber die Grundregeln sind natürlich wieder die gleichen. Sei cool und entspannt und spüre das Schlägerkopfgewicht. Das ist das ganze Geheimnis.

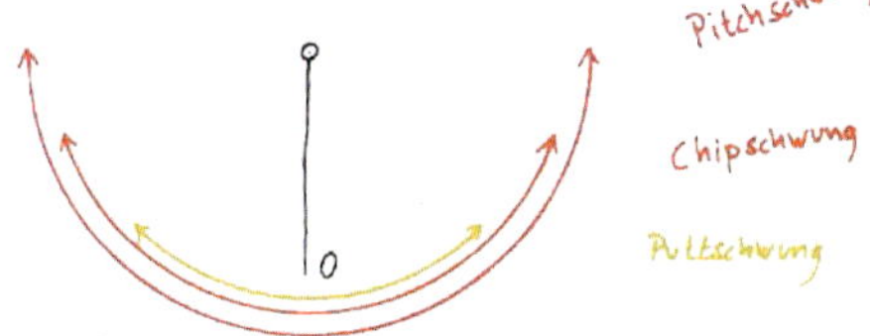

Rückschwung:

Wenn du den Schlägerkopf zurückschwingst, sei locker in den Knien und halte dein Gewicht leicht auf dem linken Fuß. Schwinge den Schläger von rechts nach links. Der Linkshänder macht das natürlich wieder anders herum.

Deine Handgelenke sind beweglich und du winkelst den Schläger nach oben ab, so dass er in den Himmel zeigt.

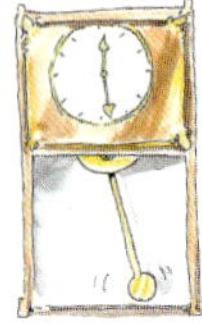

Vorwärtsschwung:

Erinnerst du dich an das Pendel? Der Schläger schwingt das Schlägerkopfgewicht wie das Pendel einer alten Standuhr.

Dein Kopf bleibt ruhig, das Gewicht deines Körpers bleibt ein wenig mehr auf dem linken Fuß.
Der angewinkelte Schläger wird beim Vorwärtsschwung automatisch wieder ausgeklappt. Das war's!

Lass den Schläger das Schlägerkopfgewicht einfach schwingen! Mehr brauchst du nicht zu tun.

Was kommt immer zuerst? Denke an die Schwungvorbereitung!

1. Zielen

Gehe hinter den Ball und blicke zum Ziel. Was siehst du zwischen Ball und Loch? Überlege, wie der Ball fliegen wird, damit er in deiner Bequemzone landet. Wie ist das Grün beschaffen?

Suche danach die Position deines Balles aus: links, rechts oder in der Mitte. Beim Pitch ist die Entfernung, die dein Ball in der Luft zurücklegt, größer als beim Chip.

Der Wind spielt hier also eine wichtigere Rolle. Überlege, wie der Ball abgelenkt werden könnte. Wähle den Schläger und stelle dich in die richtige Richtung.

2. Bequem stehen

Atme ruhig und sei cool.

3. Schlägerkopfgewicht spüren

Hebe den Schlägerkopf etwas an und bewege ihn leicht hin und her, bis du das Gewicht an der Schlägerkopfspitze deutlich spürst. Wiederhole die Übungen hierzu, bis du dir sicher bist.

4. Probeschwung

Mache den Probeschwung genauso konzentriert wie den Schlag mit dem Ball!

Training macht den Meister: Los geht's! Mache die gleichen Übungen wie beim Chippen.

1. Zuerst solltest du ein Gefühl für den Pitchschwung bekommen. Spiele ein paar Bälle und beobachte jeden Ball, bis er liegen bleibt.
2. Wenn du einen Rhythmus gefunden hast, suche dir unterschiedliche Ziele. Spiele den Ball in deine Bequemzone.

Entfernung und Richtung:

Suche dir unterschiedlich weit entfernte Ziele aus. So lernst du, wie weit du den Schläger hin und her schwingen musst, um eine bestimmte Lage zu erreichen.

Suche dir Ziele an verschiedenen Stellen aus. So lernst du, wie du dich hinstellen musst, um den Ball in eine bestimmte Richtung zu spielen. Pitch und Putt zählt genauso wie Chip und Putt zu den sogenannten „Up-and-Downs".

Stoppball:

Versuche den Ball, wenn er auf dem Grün landet, stoppen zu lassen. Er rollt dann auf dem Grün nicht mehr aus, sondern bleibt sofort liegen. Dazu legst du den Ball ganz links vor deine Füße und öffnest dein Schlägerblatt.

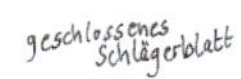

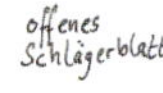

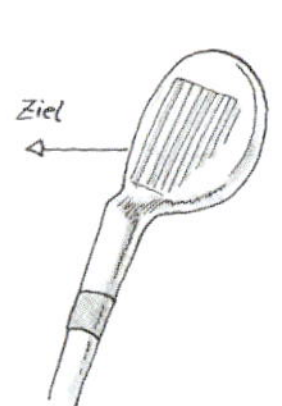

Was ist ein geschlossenes oder geöffnetes Schlägerblatt?

Bei einem geschlossenen Schlägerblatt dreht die Spitze des Schlägerkopfes zum Ziel hin. Wenn du das Schlägerblatt öffnest, drehst du die Spitze des Schlägerkopfes vom Ziel weg.

Training:

Probiere drei Möglichkeiten aus, den Ball hinzulegen: links, rechts oder in der Mitte. Beobachte das unterschiedliche Verhalten des Balls in der Luft und auf dem Grün.

10. KAPITEL

Bunker

Auf der Spielbahn verteilt gibt es kleine und größere Gruben. Diese sind meist mit Sand gefüllt. Wenn dein Ball in einer dieser Gruben landet, ist die große Stunde des Bunkerschwungs gekommen.

Der Ursprung der Bunker:

In den Küstenregionen Schottlands, dem Herkunftsland des Golfs, besteht der hügelige Boden meist aus mit Gras bewachsenem Sand. Diese Landschaften nennt man auch Links.

Wusstest du?
Bunkerschläge machen ungefähr 4% des Golfspiels aus. Mit Putten, Chippen, Pitchen und Bunkerschlägen hast du schon 72%, also schon fast ¾ des Golfspiels im Griff, obwohl du noch keinen Abschlag oder Schlag vom Fairway gemacht hast.

Die in diesen Gegenden weidenden Schafe zogen sich oft in die Vertiefungen im Boden zurück, um sich vor dem kalten Wind zu schützen. Dort zertrampelten sie das Gras und der Sand kam zum Vorschein.
So entstanden die kleinen mit Sand gefüllten Gruben, denen die heutigen Bunker nachgebaut sind.

Welche unterschiedlichen Bunker gibt es?

Man unterscheidet zwischen den Grünbunkern, die das Grün beschützen, und den Fairwaybunkern, die dir den Weg auf der Spielbahn erschweren sollen.

Grünbunker liegen an den Seiten des Grüns. Oft ist auch mindestens einer davor oder dahinter angelegt.

Fairwaybunker liegen an der Seite des Fairways in der Entfernung, in der der Ball meist zwischenlandet

Paddybox:
„Auf schweren Plätzen sind die Fairwaybunker so tief, dass du von da keinen langen Schlag machen kannst. Plane dein Spiel so, dass du diese aus dem Spiel nehmen kannst. Das spart dir viele Schläge."

Welchen Schläger nehme ich?

Es gibt einen speziellen Schläger für den Sand, das Sand Wedge.

Probiere aber auch mal andere Schläger aus, wie das Lob- oder Gap Wedge.

Ein Wedge hat 2 Besonderheiten:

Loft: Es hat einen großen Loft. Der Loft ist die Neigung der Schlagfläche, erinnerst du dich an den rutschenden Igel?

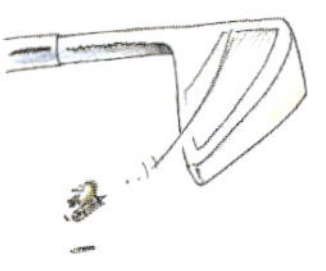

Ein großer Loft bedeutet, dass der Ball beim Schwung hoch in die Luft fliegt.

Bounce: Das ist der Teil des Schlägers unterhalb seiner vorderen Kante. Bounce ist ein englisches Wort und bedeutet „abprallen" („to bounce"). Dieser Schlägerteil ist bei Wedges am größten. Deshalb prallen diese Schläger auch am besten wieder vom Boden ab.

Im tiefen Sand hilft dir das sehr, denn dann dringt der Schläger nicht so tief in den weichen Boden ein. Dein Schwung wird nicht so stark abgebremst und dein Ball fliegt elegant aus dem Bunker.

Paddybox:
„Je weicher der Sand, desto größer sollte der Bounce sein."

Der Ball fliegt aber auch mit jedem anderen Schläger aus dem Bunker.
Wenn der Sand fester ist und du keine hohe Bunkerkante vor dir hast, kannst du für kurze Entfernungen auch das 9er Eisen nehmen.

Bei flachen, festen Fairwaybunkern mit großer Entfernung zur Fahne ist das 7er oder sogar ein Hybrid geeignet.

Probiere dort auch mal ein Holz. Dieses gleitet wunderbar über den Sand.

Unterschiedliche Bunker – unterschiedliche Schwünge?

Die Grundregeln eines Schwungs: Drehpunkt und Gewicht sind bei allen Schwüngen gleich. Unterschiede bestehen nur im Detail.

Beachte bei allen Schwüngen die **Schwungvorbereitung**:

1. Zielen

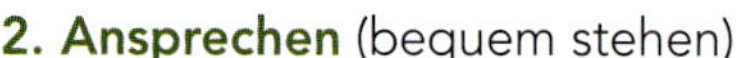

2. Ansprechen (bequem stehen)

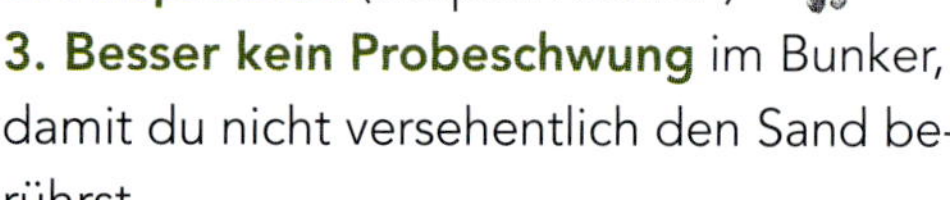

3. Besser kein Probeschwung im Bunker, damit du nicht versehentlich den Sand berührst.

Vorsicht:
Pass auf, dass du beim Ansprechen im Bunker mit deinem Schläger nicht den Sand berührst. Das kostet 2 Strafschläge oder beim Lochspiel den Lochverlust.

Um dir trotzdem ein gutes Gefühl zu holen, kannst du den Probeschwung aber außerhalb des Bunkers machen

Grünbunker:

Hier gibt es zwei Möglichkeiten für den Ball und damit auch zwei Möglichkeiten für dich. Entweder liegt der Ball locker auf dem Sand auf oder er hat sich tief darin eingegraben.

1. Der Ball liegt locker auf dem Sand auf: Splash-Schlag

Hier brauchst du einen Bunkerschlag, den man auch Splash („to splash, spritzen") nennt.

Wo liegt der Ball?

Der Ball liegt bei Rechtshändern vor dem linken Fuß. Du triffst beim Splash nicht den Ball, sondern du schaufelst mit deinem Schläger nur eine „Schöpfkelle“ Sand aus dem Bunker. Auf dieser „Schöpfkelle“ liegt der Ball. Er fliegt auf dem Sand wie auf einem fliegenden Teppich aus dem Bunker heraus.

Erinnerst du dich an das Pendel beim Schwung? Der Ball ist beim Pendel an der tiefsten Stelle, genau in der Mitte. Beim Splash ist die Stelle, wo dein Schläger den Sand trifft, etwas hinter dem Ball.
Darum muss der Ball **etwas links von der Mitte** liegen, damit unser Pendel wieder funktioniert.

Paddybox:
„Der Grünbunkerschlag ist der einzige Schlag im Golf, bei dem wir versuchen, den Ball nicht direkt zu treffen.“

Wie stehe ich?

Beim Splash-Schwung brauchst du einen offenen Stand.

Was ist ein offener Stand?

Erinnerst du dich an das Beispiel mit den Eisenbahnschienen beim Zielen? Ball und Loch bilden eine Linie. Deine Beine und Schultern sind beim Bunkerschwung aber **schräg** zu dieser Linie.

Wenn du dir eine Linie durch deine Füße denkst, zeigt diese links am Ziel vorbei. Bei Linkshänder zeigt diese Linie nach rechts.

Im weichen Sandboden brauchst du einen guten Halt. Stell dich breitbeinig auf und rutsche mit den Füßen leicht hin und her. Damit graben sich deine Füße etwas in den Boden ein und du stehst sicher.
Das Gewicht deines Körpers ist auf dem linken Fuß.

Der Schwung:

Halte den Schläger mit offenem Schlägerblatt und pass auf, dass du nicht den Boden berührst.
Halte den Griff etwas weiter unten. Damit gleichst du aus, dass die Füße im Sand eingegraben sind.

Deine Handgelenke sind beweglich. Beim Rückschwung winkelst du den Schläger früh nach oben ab, so dass er in den Himmel zeigt.

Schwinge den Schläger ganz locker. Der Vorwärtsschwung folgt deinem Körper. Da du leicht schräg stehst, schwingst du auch in eine Richtung schräg neben das Ziel.

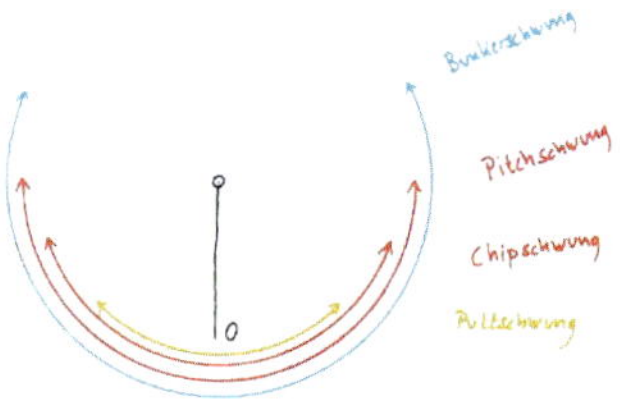

Konzentriere dich auf den Sand. Du möchtest eine Schöpfkelle Sand mit deinem Schläger aus dem Bunker schleudern. Der Sand bremst den Schläger.

Der Rückschwung und der Vorwärtsschwung müssen deshalb etwas größer sein, als du es bei den anderen Schwüngen gewohnt bist.

Bei einem guten Splash-Bunkerschlag hörst du nichts. Der Schläger gleitet ja nur durch den Sand und trifft nicht den Ball.

Paddybox:
„Die 3 L´s: Loft, left und low.
Drehe die Schlagfläche auf, packe dein Gewicht nach links und gehe ein bisschen in die Hocke. Und nun trau dich, beschleunigt durch den Sand zu schwingen."

2. Der Ball hat sich in den Sand eingebohrt: Explosionsschlag

Hier brauchst du einen Bunkerschlag, den man auch Explosionsschlag nennt. Der Ball liegt unterhalb der Sandoberfläche. Dein Schläger bohrt sich durch den Sand, um ihn zum Fliegen zu bringen.

Wo liegt der Ball?

Stell dich so hin, dass der Ball etwas mehr vor deinem rechten Fuß liegt.

Wie stehe ich?

Der Stand ist offen. Grabe deine Füße etwas ein, so hast du einen sicheren Stand.

Der Schwung: Graben erlaubt!

Da der Ball hier vergraben ist, musst du ihn erst mal wieder ausgraben. Das heißt aber nicht, dass du mit einer Schaufel oder deinem Schläger zum Graben beginnst. Dein Schwung schafft das von alleine.

Da der Sand deinen Schwung bremst, muss der Schläger weiter zurück und vorwärts schwingen. Um den Ball eine bestimmte Entfernung fliegen zu lassen, ist dein Schwungkreis beim Bunkerschlag größer, als wenn der Ball auf dem Fairway liegen würde.

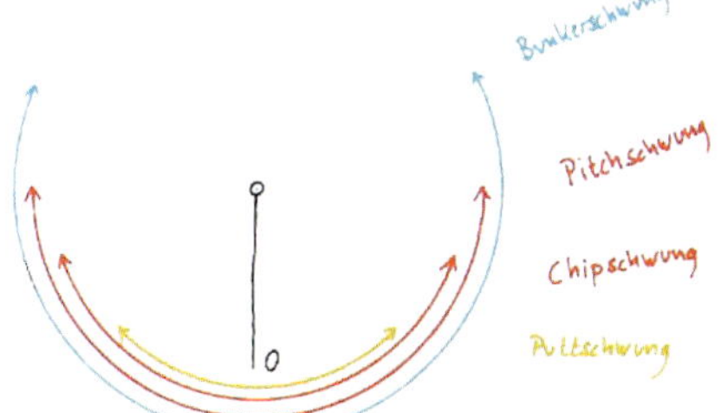

Die Schwungkraft überträgt sich auf den Ball und lässt ihn aus seinem Versteck springen. Genauso wie beim Klick-Klack.

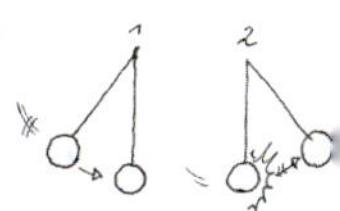

Beim Vorwärtsschwung schwingst du den Schläger etwas hinter dem Ball in den Sand. Der Vorwärtsschwung wird dadurch stark abgebremst. Der Ball fliegt flacher aus dem Bunker und rollt zum Loch.
Vorsicht: Da er bei diesem Schwung keinen Backspin erhält, rollt er ziemlich ungebremst.

Probiere beim Explosionsschlag ruhig auch mal das Lob Wedge. Dann fliegt der Ball ein bisschen höher und bleibt ein bisschen schneller liegen.

Fairwaybunker:

Im Fairwaybunker ist die Lage deines Balls und die Höhe der Bunkerkante entscheidend.

Wenn der Ball sehr hoch fliegen muss, um aus dem Bunker zu kommen, dann gehe auf „Nummer sicher" und spiele den Ball mit einem normalen Grünbunkerschlag, so wie oben beschrieben, wieder aufs Fairway zurück.

Wenn die Bunkerkante niedrig, der Sand fest ist und dein Ball gut liegt, dann kannst du auch versuchen, ihn mit einem ganz normalen Schwung weit in Richtung Ziel zu spielen.

Wo liegt der Ball?

Der Ball liegt etwas rechts von der Mitte. Da der Sand sehr bremst, soll das Pendel den Ball lieber direkter treffen.
Kommst du zu früh in den Boden, wird der Ball nicht weit fliegen.

Wie stehe ich?

Stelle dich breitbeinig in den Sand. Greife den Schläger zum Ausgleich etwas tiefer. Richte dich parallel zur Ziellinie aus, so wie in dem Beispiel mit den Eisenbahnschienen.

Der Schwung:

Schwinge das Schlägerkopfgewicht. Beim Fairwaybunker-Schwung trifft dein Schläger zuerst den Ball, nicht den Sand.

Was kommt immer zuerst?
Denke an die **Schwungvorbereitung:**

1. Zielen

Bevor du in den Bunker gehst, blicke zum Ziel:
Was siehst du zwischen Ball und Loch? Wie ist das Grün beschaffen? Überlege wie der Ball fliegen oder rollen soll, damit er in deiner Bequemzone landet. Liegt der Ball auf dem Sand auf oder ist er darin eingegraben? Wie ist der Sand: fest oder locker? Wie ist die Bunkerkante?

Wähle den Schläger und den passenden Schlag und stelle dich in die richtige Richtung.

2. Bequem stehen

Atme ruhig und sei cool. Achte darauf, beim Ansprechen mit deinem Schläger, den Sand nicht zu berühren.

3. Schlägerkopfgewicht spüren

Hebe den Schlägerkopf etwas an und bewege ihn leicht hin und her, bis du das Gewicht an der Schlägerkopfspitze deutlich spürst.

4. Besser kein Probeschwung,

da du vor dem Schlag mit dem Schläger nicht den Sand berühren darfst.

Alles klar? Dann nichts wie raus und ausprobiert!

Training macht den Meister!

Training 1:

1. Zuerst solltest du ein Gefühl für die Bunkerschläge bekommen. Spiele ein paar Bälle aus dem Bunker und beobachte jeden Ball, bis er liegen bleibt. Lege manche Bälle locker auf den Sand auf und grabe andere etwas ein. Beobachte, wie die Bälle unterschiedlich reagieren.
2. Wenn du einen Rhythmus gefunden hast, suche dir unterschiedliche Ziele. Spiele den Ball in deine Bequemzone.

Training 2:

1. Entfernung
Suche dir unterschiedlich weit entfernte Ziele aus.
2. Richtung
Suche dir Ziele in verschiedenen Richtungen aus.
3. Putte die Bälle, die auf dem Grün gelandet sind, ins Loch

Paddybox:

Erinnere dich an die „Up-and-Downs". Aus dem Sand zählt das genauso. Wenn man es schafft, mit einem Grünbunkerschlag und einem Putt ins Loch zu kommen, dann hat man ein „Sand-Save" geschafft.

Wenn du auf deiner Trainingsanlage keinen Fairwaybunker hast, lege dir den Ball in ein Divot und versuche, ihn daraus sauber zu schlagen.

11. KAPITEL

Der Fairwayschwung

Dein Ball ist auf dem Fairway gelandet. Nun schlage ihn weiter in Richtung Grün. Suche dir zwischen Büschen, Bäumen, Bunkern und Wasserhindernissen (Penalty Areas) einen guten Weg aus, den dein Ball nehmen wird.

Um auf dem Fairway schnell zum Grün zu gelangen, ist jetzt die Zeit für die längeren Schläge gekommen. Nun kannst du deinen Fairwayschwung einsetzen.

Wasserhindernisse, das sind kleine Kanäle oder Bäche, begleiten deinen Weg. Teiche, die vor dem Ball liegen, überspielst du ganz lässig mit deinem Pitchschlag.

Welchen Schläger nehme ich?

Du kannst jeden Schläger nehmen. Nicht zu empfehlen sind der Driver und der Putter.

Die Wahl deines Schlägers richtet sich nur danach, wie du den Ball spielen willst. Hoch oder niedrig? Weit oder kurz? Schätze die Entfernung und berücksichtige alle anderen Umstände, wie z. B. Wind, Büsche und Teiche.
Welcher Schläger wann zum Einsatz kommt hat der kleine Igel im Kapitel Ausrüstung – Schläger genau erklärt. Dort kannst du alles nachlesen, wenn du dir nicht mehr ganz sicher bist.

Wusstest du?
Fairwayschwünge machen ungefähr 15% des Golfspiels aus. Mit allen Schwüngen, ohne dem Abschlag, hast du schon 87%.

Entfernungsmarkierungen auf dem Fairway

Die Entfernungsmarkierungen auf dem Fairway helfen dir bei der Schlägerwahl.
Sie zeigen dir, wie weit es noch bis zum Anfang des Grüns ist. Je nach Platz sind diese anders. Manche haben Markierungen am Boden und/oder Stangen am Rand des Fairways. Dies können aber auch zum Beispiel große Steine, auch Findlinge genannt, sein.

Wusstest du?
Klassische Entfernungsmarkierungen

Gelb oder eine Stange mit 3 Streifen oben: 200 m
Rot oder eine Stange mit 2 Streifen oben: 150 m
Weiß oder eine Stange mit 1 Streifen oben: 100 m

Wo liegt der Ball?

Das richtet sich nach dem Schläger, den du benutzt.

Wie weit weg liegt der Ball?

Hier ist das ganze Geheimnis, dass du immer dann die richtige Entfernung zum Ball hast, wenn du bequem stehen kannst.

Lange Schläger sind lange Eisen (Eisen mit niedriger Nummerierung wie 3, 4, 5 usw.) oder auch Hölzer. Hier liegt der Ball weiter weg vom Körper.

Kurze Schläger sind kurze Eisen (Eisen mit hoher Nummerierung wie 8 oder 9) oder Wedges. Hier liegt der Ball näher am Körper.

Setze den Schläger mit der Schläger mit der Unterkante auf dem Boden auf und stelle dich entspannt in die Ansprechposition. So hast du ganz automatisch immer die richtige Entfernung zum Ball.

Links, rechts oder in der Mitte?

Hier ist das ganze Geheimnis folgende Regel. Sie gilt für Rechtshänder, Linkshänder drehen einfach die Richtung um.

Je länger der Schläger ist, desto weiter links liegt der Ball.
Je kürzer der Schläger ist, desto weiter rechts liegt der Ball.

Beim Driver liegt der Ball auf der Höhe der linken Ferse. Bei den kurzen Eisen und Wedges liegt er etwas rechts von der Mitte.

Wie stehe ich?

Du stehst bequem, die Füße bis etwa schulterbreit auseinander.

Je kürzer der Schläger ist, desto enger sind die Füße in der Ansprechposition zusammen!

Dein Körpergewicht ist gleichmäßig auf beiden Füße verteilt. Du stehst parallel zur Linie zwischen dem Ball und seinem Ziel.

Erinnerst du dich an die Eisenbahnschienen? Deine Füße bilden den zweiten Schienenstrang.

Der Fairwayschwung – voll in Fahrt mit dem vollen Schwung

Der Schwung ist bei allen Schlägen gleich.
Die Bewegung ist locker und harmonisch.
Du bleibst entspannt und schwingst das Schlägerkopfgewicht.

Um die größtmögliche Entfernung aus einem Schläger herauszuholen, holst du möglichst weit aus und lässt den Schlägerkopf mindestens genauso weit durchschwingen.
Das nennt man einen vollen Schwung.

Der volle Schwung ist vor allem für die langen Schläger (Eisen 4 – 1 und Hölzer) die erste Wahl. Bei diesen Schlägern ist der Loft sehr klein.

Damit der Ball bei kleinem Loft schön in die Luft fliegen kann, sollte der Schlägerkopf möglichst schnell auf den Ball treffen.

Der Rückschwung

Die Schultern machen eine Drehung um 90 Grad. Die linke Schulter dreht runter und nach links und gleichzeitig dreht die rechte hoch und nach links. Das entspricht einem Viertelkreis.
In der Ansprechposition bist du parallel zur Ziellinie gestanden, jetzt zeigt dein Rücken zum Ziel.

Deine Hüften drehen sich mit der Schulter mit. Da du kein Schlangenmensch bist, drehen sich die Hüften nur etwa halb so weit wie die Schultern, also um etwa 45 Grad.

Wackle beim Schwung nicht zur Seite.
Dein Schwerpunkt bleibt ruhig.

Durch die Drehung schwingt dein Schläger nach oben bis er hinter deinem Kopf parallel zum Boden ist.
Drehe dich um deine eigene Achse und bleibe mit dem Gewicht in der Mitte.

Atme beim Rückschwung ein und beim Vorwärtsschwung wieder aus.

Der Vorwärtsschwung

Die rechte Hüfte dreht nach links bis sie in Richtung Ziel zeigt. Die Schultern folgen ihr und drehen so weit, wie es geht.
Beim Schwung verlagert sich dein Körpergewicht auf den linken Fuß. Erinnere dich an das Pendel. Das bewegt sich mit dem Gewicht nach links und somit triffst du den Ball kurz vor dem tiefsten Punkt. Das Divot, welches du wieder einsetzen solltest, befindet sich links von dem Punkt, an dem der Ball vorher lag. Man spricht hier von einem „Ball-Boden-Kontakt“. Der entlastete rechte Fuß hebt die Ferse vom Boden.

Du stehst ruhig und ausbalanciert und blickst in Richtung Ziel. Linkshänder machen den gleichen Schwung, nur anders herum. Das klingt alle furchtbar kompliziert, ist aber eigentlich ganz einfach. Nochmals: Du machst diese Bewegungen nicht, um indischen Schlangenmenschen Konkurrenz zu machen!

Du willst nur deinem Schläger die Gelegenheit geben, den Schlägerkopf optimal zu schwingen.

Dreh dich, aber bleib dabei locker und entspannt. Wenn deine Bewegung ruhig und gleichmäßig ist und du am Ende des Schwungs deinem Ball nachschauen kannst, ohne umzufallen, dann hast du alles richtig gemacht.

Paddybox:
„Wer nicht stehen kann, kann nicht Golf spielen! Du solltest am Ende deiner Bewegung („Finish") mit dem hinteren Fuß auf den Boden tippeln können."

Keine halben Sachen, oder doch? – der halbe, der dreiviertel und der volle Schwung

Du kannst mit ein und demselben Schläger den Ball unterschiedlich weit schlagen. Dies machst du einfach, indem du mehr oder weniger mit deinem Schläger ausholst und dann natürlich mindestens ebenso weit den Schlägerkopf durchschwingen lässt.

Denke an das Pendel, das Grundprinzip jedes Schwungs. Du lässt das Pendel einfach nur unterschiedlich weit schwingen und erhältst so einen halben, einen dreiviertel oder einen vollen Schwung.
Das alles hat überhaupt nichts mit Kraft zu tun, nur der Schwungkreis ändert sich.

Der halbe Schwung: Stelle dir eine Uhr vor. Dein Schläger ist der Stundenzeiger. Du schwingst ihn von 9 Uhr bis 3 Uhr.

Der dreiviertel Schwung: Du schwingst zurück, bis sich deine Hände auf Schulterhöhe befinden. Dein Schläger schwingt von 10.30 Uhr bis 1.30 Uhr.

Was kommt immer zuerst? Denke an die Schwungvorbereitung!

1. Zielen

Beim Fairwayschwung fliegt dein Ball oft über weite Entfernungen. Hier wirken sich auch Ungenauigkeiten beim Zielen sehr stark auf den Ballflug aus. Beobachte auch andere Einflüsse wie den Wind. Der Ball könnte sonst zur Seite abweichen und dort landen, wo du ihn gar nicht haben willst. Wähle deinen Schläger und stell dich in die richtige Richtung.

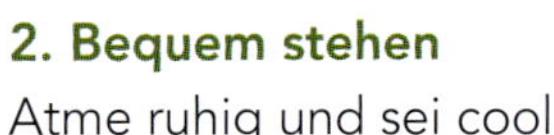

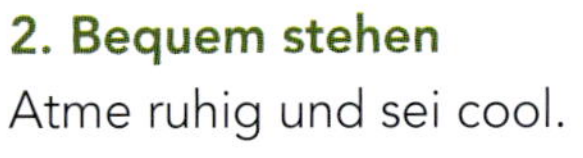

2. Bequem stehen

Atme ruhig und sei cool.

3. Schlägerkopfgewicht spüren

Hebe den Schlägerkopf etwas an und bewege ihn leicht hin und her, bis du das Gewicht an der Schlägerkopfspitze deutlich spürst.

4. Probeschwung

Mache den Probeschwung genauso konzentriert wie den richtigen Schwung.

Training macht den Meister! Nichts wie zur Driving Range und ausprobiert!

Training 1: Verschiedene Schläger

Trainiere mit verschiedenen Schlägern. So wirst du bald wissen, welcher Schläger für dich für welche Entfernung der richtige ist. Fange immer mit den kürzeren Schlägern an. Erst wenn deine Schläge den Ball so fliegen lassen, wie du es willst, probiere den nächst längeren.

Paddybox:

„Pass auf deinen Körper auf. Wärme dich gut auf oder gehe erst zu den längeren Schlägern über, wenn du dich vorher mit den kürzeren eingespielt hast."

Training 2: Richtung

Suche dir immer ein festes Ziel. Da bei den langen Schlägern der Ball leicht abweichen kann, ist die Richtung in deinem Training das Entscheidende.

Denke an das Beispiel mit den Eisenbahnschienen. Lege dir einen Schläger vor die Füße, parallel zur Linie zwischen Ball und Ziel. Stelle dich entlang dieser Linie auf.

Suche dir beim Training viele verschiedene Ziele aus.

12. KAPITEL

Der Abschlag

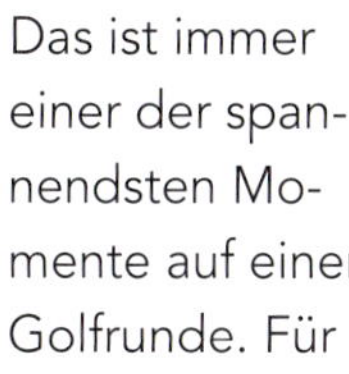

Das ist immer einer der spannendsten Momente auf einer Golfrunde. Für dein Ergebnis ist das kurze Spiel viel entscheidender, wie du am Beispiel der Torte gesehen hast. Aber es macht einfach Spaß, den Ball weit fliegen zu lassen.

Wusstest du?
Abschläge machen ungefähr 13% der Gesamtzahl der Golfschläge aus. Jetzt hast du alle 100%.

Es ist Tee-Zeit

Das heißt nicht, dass jetzt alle ihre Thermosflaschen auspacken. Nein, jetzt kommen endlich deine Tees zum Einsatz. Denn eine Besonderheit bei deinem Schwung am Abschlag ist, dass du den Ball auf ein Tee legen darfst.

Es ist mit einem Tee viel einfacher, den Ball richtig zu treffen. Das ist aber leider nur am Abschlag erlaubt.

Einfluss der Tee-Höhe auf den Ballflug

Du kannst den Ball unterschiedlich hoch „aufteen". Das bedeutet, dass du das Tee unterschiedlich weit in den Boden steckst.

Wusstest du? Teatime
Viele Clubs vergeben am Wochenende Startzeiten. Solch eine Startzeit nennt man auch Teetime, denn dann kommt ja dein Tee am ersten Abschlag zum Einsatz.

Es gibt auch unterschiedlich hohe Tees.

Ball niedrig aufgeteet

Der Ball fliegt niedrig. Gut bei starkem Wind. Ballflug wird weniger abgelenkt.

Ball hoch aufgeteet

Der Ball fliegt hoch. Gut, um Hindernisse zu überspielen. „Tee it high and let it fly" – „Tee den Ball hoch auf und lass ihn fliegen!"

Die Abschlagsmarkierungen

Sie zeigen dir den Bereich, in dem du abschlägst. „Tee" deinen Ball innerhalb von zwei Schlägerlängen hinter den Markierungen auf.
Du selbst kannst auch außerhalb dieser Fläche stehen. Dies ist die sogenannte „Teebox".

Die Farbe der Abschlagsmarkierungen verrät dir, für wen welcher Abschlag ist. Die Abschläge sind unterschiedlich weit vom Grün entfernt.

Klassische Abschlagsmarkierungen:
Gelb: Herren
Rot: Damen
Weiß oder Schwarz: Champion

Im modernen Golf gibt es mehr Farben:
Weiß/Schwarz: Herren Profi/Champion
Gelb: Herren
Blau: Damen Profi/Champion
Rot: Damen
Orange: Senioren
Grün: Kinder (diese sind oft mitten auf dem Fairway bei ca. 150 Metern)

Paddybox:
„Je weiter hinten der Abschlag ist, desto schwerer wird das Spiel. Suche dir einfach deine Schwierigkeit aus, von der du am meisten Spaß hast.
Bei Turnieren werden die Abschläge jedoch vorgegeben."

Welchen Schläger nehme ich?

Das hängt von der Länge des Lochs ab. Bei einem kurzen Par 3 reicht dir vielleicht das 7er-Eisen, bei einem längeren Loch greifst du zu einem Holz oder zum Driver.

Der Abschlag – Ein Fairwayschwung mit dem Tee oder etwas ganz Besonderes?

Du selbst stehst und spielst deinen Ball wie beim vollen Fairwayschwung. Lass dich nicht von Leuten verwirren, die dir die unterschiedlichsten Schwungarten einreden wollen!

Dein Körper ist entspannt. Du drehst dich auf und lässt das Schlägerkopfgewicht schwingen.
Alles nichts Neues und im 11. Kapitel Fairwayschwung ausführlich beschrieben.

Der einzige wirkliche Unterschied ist, dass du den Ball beim Abschlag vom Tee spielen darfst. Aber das macht den Schwung für dich höchstens einfacher, sonst nichts.

Da der Ball vor allem beim Driver ganz links und auf einem Tee liegt, triffst du den Ball hier nach dem tiefsten Punkt deines Schwungkreises. Bei Linkshändern wie immer umgekehrt. Der Driver trifft den Ball so in seiner Aufwärtsbewegung und lässt ihn perfekt übers Fairway fliegen. An deinem Schwung hat sich hierbei aber natürlich nichts geändert

.

Weite spielt hier eine wichtige Rolle. Beachte jedoch: Je länger der Ball fliegt, umso mehr kann er sich auch verfliegen.

Was kommt immer zuerst? Denke an die Schwungvorbereitung!

1. Zielen

Beim Abschlag fliegt dein Bald meist sehr weit. Ziele deshalb hier sehr genau.

Der Wind kann deinen Ball auf seinem weiten Flug leicht ablenken. Wenn du am Abschlag stehst, wirf ein paar Grashalme in die Luft und beobachte ihren Flug. Betrachte auch die Wipfel der Bäume um dich herum. Wie verhalten sich ihre Äste?

Wähle deinen Schläger und stelle dich in die richtige Richtung.

2. Bequem stehen

Atme ruhig und sei cool.

3. Schlägerkopfgewicht spüren

Hebe den Schlägerkopf etwas an und bewege ihn leicht hin und her, bis du das Gewicht an der Schlägerkopfspitze deutlich spürt.

4. Probeschwung

Du kannst am Abschlag stehen aber mache deinen Probeschwung über dem seitlichen Gras außerhalb der Abschlagsfläche. Damit schonst du das Gras auf dem Abschlag.

Sei immer leise und bewege dich nicht, wenn du in der Nähe eine Spielers stehst und dieser schlagen möchte. Am Abschlag stehen alle relativ nah zusammen. Hier kann man sehr leicht abgelenkt werden.

Training macht den Meister! Nichts wie zur Driving Range und ausprobiert!

Hier gilt wieder das gleiche wie im 11. Kapitel beim Fairwayschwung.

Training 1: Gefühl für die Weite

Trainiere mit verschiedenen Schlägern. So lernst du, welche Weite du mit den unterschiedlichen Schlägern spielen kannst. Beginne mit den kürzeren, um ein besseres Gefühl für den Schwung zu bekommen. Die längeren Schläger oder gar der Driver kommen erst etwas später an die Reihe.

Training 2: Gefühl für die Richtung
Das ist das Allerwichtigste beim Abschlag. Da der Ball sehr weit fliegt, trainiere das genaue Zielen und das richtige Ausrichten deiner Füße parallel zum Ziel. Denke immer an das Beispiel mit den Eisenbahnschienen.

Suche dir wieder verschiedene Ziele aus. Umso mehr du übst, umso besser wirst du werden.

Training 2: Power
Haue ab und zu einfach mal drauf. Dies trainiert deine Muskeln, damit du den Ball noch weiter schlagen kannst. Hier ist es auch nicht schlimm, wenn du den Ball mal nicht so gut triffst. Hauptsache du gibst Gas!

13. KAPITEL

Richtiges Verhalten Etikette – Sicherheit und Rücksichtnahme

Safety first! Sicherheit ist Alles.

Fore!!! (FOOR!!!)

Pass auf die anderen Spieler auf, wenn du einen Schlag ausführen möchtest. Schläger und Ball sind nun einmal härter als der größte Dickschädel.

Wenn du den Ball gut triffst, kann er so schnell werden wie sehr schnelle Autos auf der Autobahn. Spiel deshalb erst, wenn die Spieler vor dir oder die Platzarbeiter außer Reichweite sind.

Wenn dein Ball jemanden treffen könnte, dann rufe so laut du kannst: Fore!!! (sprich FOOR!!!). Das ist ein Warnruf, den jeder Golfer auf der ganzen Welt kennt. Bei Spaziergängern, die urplötzlich auftauchen, ruf lieber „Vorsicht Ball!" oder „In Deckung!", nicht dass diese noch „foortreten" und schauen was los ist.

Wenn du den Warnruf „Fore!!!" hörst, such nicht mit den Augen nach dem Ball, sonst könnte dieser leicht auf deiner Nase landen. Duck dich, wenn möglich hinter deine Golftasche oder einen Baum, und lege die Arme über deinen Kopf

Blitze

Bei Gewitter sofort runter vom Platz!!!

Warntöne

TUUUUUUUUT!!! Hörst du einen langen Ton der Sirene heißt das, du musst auf der Stelle das Spiel unterbrechen. Blitzwarnung!!!

TUUUT! TUUUT! TUUUT! Drei aufeinanderfolgende Sirenentöne bedeuten ebenfalls Schluss mit dem Spiel! Hier darfst du aber entscheiden, ob du das angefangene Loch noch beenden möchtest.

TUUT! TUUT! Zwei kurze Sirenentöne geben Entwarnung, das Spiel kann weiter gehen!

Was tun?

Bei Blitzwarnung musst du sofort dein Spiel unterbrechen.
Markiere deinen Ball mit Tees und lasse ihn da, wo er ist.

Deine Schläger und dein Wagen, die ja meist aus Metall sind, hohe Bäume und Wasser ziehen die Blitze an. Wenn es möglich ist, lass deine Golfsachen liegen und lauf sofort zurück ins Clubhaus. Halte dabei Abstand zu hohen Hügeln, Bäumen und Wasserflächen.

Es gibt auch Blitzschutzhütten mit Blitzableitern auf dem Golfplatz. Du solltest immer wissen, wo die nächste ist, um dich dort unterstellen zu können, wenn es zu weit zum Clubhaus ist.

Wenn gar keine Schutzmöglichkeit weit und breit ist, bleib möglichst weit weg von den Schlägern und deinem Wagen und lege dich flach in eine Bodenmulde!

Wann darf ich weiterspielen?

„TUUT! TUUT!" Erst, wenn du zwei kurze Signaltöne einer Sirene gehört hast, darfst du weiterspielen. Dann hat die Spielleitung die Wiederaufnahme des Spiels erlaubt. Spielst du früher weiter, riskierst du dein Leben und wirst disqualifiziert. Das bedeutet, du bist raus aus dem Spiel und alle Schläge waren umsonst.

Spieltempo – lahme Schnecke oder Rennwagen?

Zügig spielen und Anschluss halten! Auf dem Golfplatz ist meistens viel los. Und damit es keinen Stau gibt, gehe immer in flottem Tempo von Loch zu Loch. Die anderen Spieler wollen auch vorwärts kommen.

Paddybox:
„Spiele nicht vor dem hinteren Flight sondern hinter dem vorderen Flight. – Halte immer Anschluss an die Gruppe vor dir, selbst, wenn hinter dir niemand spielt."

Bei Turnieren kann die Spielleitung Höchstzeiten für eine Runde, ein Loch und sogar einen Schlag festlegen. Zu schlimmes Trödeln kostet so das Loch im Lochspiel oder 1-2 Strafschläge im Zählspiel.

Aber wir haben ja immer schon gewusst, Golf ist kein Sport für Langweiler.

Nichts für Langweiler – Tipps für „Rennwagen-Golf"

● Schnellere Spieler solltest du überholen lassen. Geh an einer geschützten Stelle mit deinen Golfsachen zur Seite, winke und lasse sie vorbei.

● Zwei, drei oder vier?
Eine Gruppe aus höchstens 4 Spielern bildet einen „Flight". Natürlich „fliegt" hier niemand, außer der Ball. Dabei hat bei privaten Runden ein Flight, der aus zwei Personen besteht, „Vorfahrt" auf dem Golfplatz.
Ein Flight über die volle Runde hat Vorfahrt vor einer Gruppe über 9 Löcher.
Wenn du ein Loch hinter dem vorderen Flight liegst, wäre es gut, auch wenn du in einer Vierergruppe spielst, einen Einzelnen überholen zu lassen.
Am Wochenende haben in manchen Clubs 4er-Flights Vorfahrt vor 3er-Flights und diese wiederum Vorfahrt vor 2er-Flights.

- Im Turnier hat die Spielleitung die Flights eingeteilt. Dann spielt ihr in der festgelegten Reihenfolge und kein Flight darf vorbeigelassen werden.

- Ist dein Ball vielleicht verloren oder im Aus, so spiele zur Sicherheit einen zweiten (=provisorischen) Ball. Suche nicht länger als 3 Minuten nach einem Ball.

Allzeit bereit: Halte immer alles griffbereit, was du brauchst:

- **Beim Abschlag:**

Tee, 2 Bälle mit unterschiedlicher Kennzeichnung (einen als Ersatz, wenn der erste Ball im Aus landet), Handschuh (falls du ihn beim letzten Putten ausgezogen hast) und natürlich den richtigen Schläger.

● Auf dem Grün:

Du brauchst einen Ballmarker, um den Ball auf dem Grün markieren zu können (kleine Münze oder ähnliches).

Pitchgabel zum Ausbessern von Pitchmarken und Putter nicht vergessen!

● Auf dem Fairway:

Überlege dir schon auf dem Weg zu deinem Ball, welchen Schläger du brauchst.

Halte einen Ersatzball bereit, falls du einen provisorischen Ball spielen musst.

Schreib dein Ergebnis nach einem Loch erst beim Warten am nächsten Abschlag in deiner Zählkarte (Scorekarte). Hinter dir wartet meist schon der nächste Flight auf dem Fairway.

● **Kurze Wege:**
Wenn du zum Putten aufs Grün gehst, stelle deinen Wagen außerhalb des Grüns gleich in die Nähe des nächsten Abschlags.

Hast du ein Golftasche (Golfbag), die du tragen kannst ohne dass dein Rücken zu sehr beansprucht wird, dann benutze diese. Kürzere Laufwege und zwei freie Hände beim Gehen helfen dir, dich schneller über den Platz zu bewegen.

Vorbildlich

Was du nicht willst, das man dir tut, das …

Tipps zum fairen Spiel

- Schalte dein Handy aus, wenn du auf der Runde bist. Für Notfälle eines ausgeschaltet dabei zu haben, ist aber nicht verkehrt.

- Lenke die anderen Spieler nicht ab bei deren Schlag. Sei dann ganz ruhig und bewege dich nicht.

- Immer cool bleiben!

Lautes Schimpfen und Schlägerwerfen wirken nicht nur ziemlich kindisch, sondern machen auch dein Selbstvertrauen kaputt.

Entspann dich: Nach dem Schlag ist vor dem Schlag! Mache deine Schlagvorbereitung und denk an die Grundregeln vorn im Buch und du wirst sehen, alles geht wie von selbst.

● Tritt auf dem Grün nicht in die Puttlinie deiner Mitspieler.
Wirf auch keinen Schatten auf die Puttlinie, wenn dein Mitspieler versucht einzulochen.

Divots, Einschlaglöcher und Narben – aber hier prügelt sich keiner auf dem Golfplatz.

Der Golfplatz gleicht einem schön angelegten Park und der Gärtner des Golfplatzes, der „Greenkeeper“, hat jede Menge zu tun, damit er so schön bleibt.
Du hilfst ihm sehr, wenn du Folgendes beachtest:

Tipps zur Schonung des Platzes:

- Nachdem du im Sand gebuddelt hast, Sandburgen gebaut und nebenbei auch noch den Ball geschlagen hast, nimm den Rechen in die Hand und ebne den Boden im Bunker.

Reche den Bunker so schön, als würdest du selber draus spielen wollen. Deine Nachfolger werden es dir danken. Bei den Profis gibt es sogar Geldstrafen, wenn man einen Bunker nach dem Schlag nicht recht.

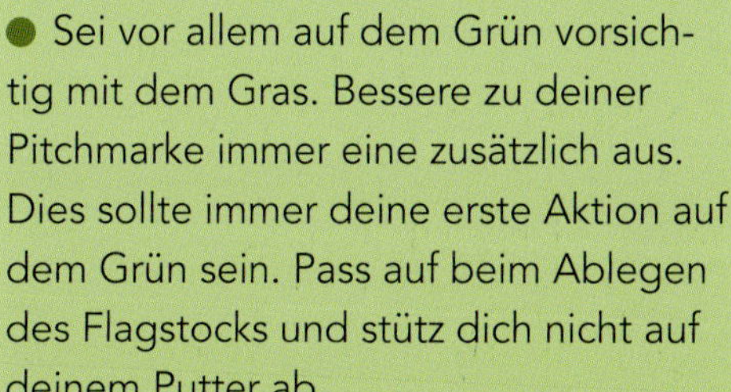

- Lege Divots zurück und trete sie fest. Dann kann das Gras wieder anwachsen. Das Divot braucht dann circa 2 Wochen bis es wieder aussieht wie vorher. Legst du es nicht zurück, dann sprechen wir von mindestens 6 Wochen!

- Sei vor allem auf dem Grün vorsichtig mit dem Gras. Bessere zu deiner Pitchmarke immer eine zusätzlich aus. Dies sollte immer deine erste Aktion auf dem Grün sein. Pass auf beim Ablegen des Flagstocks und stütz dich nicht auf deinem Putter ab.

- Der Weg zwischen Bunker/Wasser und Grün ist für deinen Golfwagen (Trolley) tabu.

Im Clubhaus:

Keine Sorge, du musst nicht in karierten Pluderhosen in der Gegend herumlaufen und auch keine Krawatte tragen, bauchfreie, trägerlose Tops allerdings besser auch nicht.
Klassisch ist ein Polohemd. Kleide dich so, dass du dich gut bewegen kannst und dich wohl fühlst.

Löcher sollte allerdings weiterhin nur der Golfplatz haben und nicht deine Hose …

Schuhe sauber machen ist selbstverständlich bevor du ins Clubhaus gehst.

Sonnenbrille und Kappe brauchst du hier nicht und über ein freundliches „Hallo" freut sich jeder.

Auf der Driving Range:

Rücksichtnahme und Sicherheit sind auch hier gefragt. Wenn Trainingsboxen vorhanden sind, gehe immer hinten vorbei und halte genügend Abstand zu deinen Nachbarn. Pass besonders beim Pitching-Grün auf, dass dir niemand direkt gegenüber steht, oder gerade Bälle einsammelt, wenn du übst.

Da hier alle auf engem Raum zusammen sind, sei besonders leise, damit sich alle konzentrieren können.

Bring deinen Balleimer wieder zurück, wenn du fertig bist.

Rangebälle bleiben auf der Driving Range. Mitnahme ist Diebstahl!

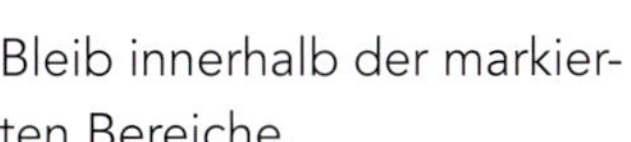

Bleib innerhalb der markierten Bereiche.

In einem fremden Club:

Mit welchem Handicap darf ich hier spielen? Ruf an oder schau auf der Website nach. Deinen Handicap-Ausweis solltest du immer bei dir tragen.

Bezahle die Platznutzungsgebühr (Greenfee) und befestige den Gast-Anhänger gut sichtbar an deiner Tasche.

Nun noch schnell ein Blick auf die Platzregeln, meist stehen sie auf einer großen Tafel oder auf dem schwarzen Brett. Manchmal stehen sie auch auf deiner Zählkarte (Scorecard) und bei Turnieren bekommst du oft ein eigenes Blatt.

Dann kann's losgehen!

14. KAPITEL

Golfsprache

Was ist was?

Auch wenn du erst neu mit dem Golfsport angefangen hast, kannst du doch wie ein alter Hase klingen, wenn du folgende Begriffe beherrschst.

Wusstest du? Warum heißen Golfanfänger Rabbits?

Rabbit ist das englische Wort für Hase. Wenn Hasen laufen, schlagen sie viele Haken, das heißt, sie springen hin und her und wechseln andauernd ihre Richtung. Ein Golfanfänger kann die Richtung seines Balles noch nicht so gut beherrschen. Der Ball fliegt oft in eine etwas andere Richtung als gewünscht. Das Spiel des Anfängers geht daher kreuz und quer, links und rechts nach vorne, also fast so wie ein springender Hase. Für Rabbits gibt es eigene Rabbitturniere.

Auf dem Golfplatz

Abschlag:

Der Abschlag ist eine kurz gemähte Rasenfläche am Anfang eines Lochs. Dort befinden sich 2 Markierungen, hinter denen du den Ball auf ein Tee legen darfst. Es gibt einen Professionals-, einen Herren-, und einen Damenabschlag. Bei Turnieren gibt es oft sogar besondere Turnierabschläge. Abschlag nennt man auch den ersten Schlag auf einer Spielbahn.

Jungen bis 12 Jahre mit Handicap schlechter als -23,4 spielen vom Junior Championship Tee. Das ist eigentlich nur der Damenabschlag, klingt aber toll, oder?

Aus oder out-of-bounds:

Das ist das Gelände außerhalb der Spielbahn. Weiße Pfosten markieren die Grenze.

Breaks:
Das sind Bodenunebenheiten auf dem Grün, durch die der Ball von seiner geraden Puttlinie abgelenkt wird. Das Lesen der Breaks ist die beliebteste Lektüre auf dem Golfplatz und macht auch am meisten Spaß.

Bunker:
Das sind kleine und größere mit Sand gefüllte Gruben, in denen der Ball gerne zwischenlandet.

Clubvorgabe:
(-37 bis -54) ist die freiwillige Vorgabe eines Clubs für alle, die noch kein offizielles Handicap (Stammvorgabe bis -36) haben.

Dogleg:

Das heißt übersetzt „Hunde bein" und genauso sieht die Spielbahn von oben auch aus. Das Fairway knickt, meist auf der Höhe eines starken Abschlags, nach links oder rechts ab.

Driving Range:

Dort triffst du nicht nur deine Freunde, sondern dort trainierst du auch.

Fairway:

Das Fairway nennt man die Fläche in der Mitte der Spielbahn zwischen Abschlag und Grün. Dort ist das Gras etwas kürzer gemäht als an den Seiten, dem Rough. Du solltest deinen Ball immer auf das Fairway schlagen, da es von dort am einfachsten weitergeht.

Flight:

Nennt man die Gruppe von Spielern (1; 2; 3 oder 4), die gemeinsam eine Runde spielt.

Golf Professional:

Ein ausgebildeter Lehrer ist ein Teaching Pro, eine Golflehrerin nennt man Proette. Einen Turnierspieler bezeichnet man als Tour Pro oder Playing Pro.

Wusstest du? Hochhaus als Spielwiese

In Japan gibt es für die vielen Spieler viel zu wenig Plätze. Darum wurden dort Driving Ranges gebaut, die auf Hausdächern liegen oder über viele Stockwerke verteilt sind.

Grün (Green):

So nennt man die rundliche, kurz gemähte Fläche mit einem kleinen Loch, in dem eine Fahne steckt, das Ziel deines Balls.

Löcher:

Ein Loch besteht aus dem Abschlag, dem Fairway und dem Grün. Auf dem Weg dorthin sind verschiedene Hindernisse zu überwinden bis dein Ball in einem „richtigen" Loch landet.

Platzreife (Hcp -54):

Nach bestandener Platzreifeprüfung hast du die Erlaubnis, ohne deinen Golflehrer auf den Platz zu gehen.

Rough:

An den Seiten des Fairways befindet sich das Rough. Es gibt das Semi-Rough an den Spielbahnseiten, wo das Gras nur etwas höher ist als auf dem Fairway.

Das eigentliche Rough besteht aus hohem ungeschnittenen Gras und vielen Büschen und Bäumen.

Tee:

So kann man auch zum Abschlag sagen. Tee nennt man auch die kleinen Holz- oder Plastikstifte, auf die du den Ball beim Abschlag legst.

Turnierreife (Hcp -45):

Nun darfst du an den Turnieren im Club teilnehmen und wirst dabei als Spiele mit Hcp -36 behandelt.

Wasserhindernis (Penalty Area):

Hier geht dein Ball mit Vorliebe baden, nicht nur an heißen Tagen. Es ist durch gelbe (frontales Wasserhindernis) und rote Pfosten (seitliches Wasserhindernis) markiert.

Beim Schlag

Albatros:
Das ist der dickste Vogel und sehr selten. Du hast ihn, wenn du ein Loch 3 Schläge unter Par gespielt hast.

Birdie:
Einen Birdie (kleines Vögelchen) hast du gemacht bei einem Schlag unter Par.

Bogey:
Ein Schlag über Par ist ein Bogey.

Caddie:
Er oder sie trägt dem Spieler die Tasche und gibt Tipps.

Chipschlag:
Er lässt den Ball kurz fliegen und lang auf dem Grün laufen.

Dimple:

So nennt man die Dellen auf dem Golfball. Ohne diese würde der Ball viel kürzer fliegen.

Divot:

Das Rasenstück, das beim Schlag vom Fairway herausgeschlagen wird. Lege es zurück und tritt es fest. Dann kann es wieder anwachsen.

Driver:

Längster Schläger mit dem geringsten Loft (Holz 1). Ball fliegt niedrig, aber am weitesten, deshalb gut geeignet für lange Abschläge. Nicht alle Driver sind bei Turnieren zulässig, eine Liste findet man auf www.randa.org.

Droppen:

Ball aus Kniehöhe fallen lassen.

Eagle:
Dieser stattliche Vogel, ein Adler, ist auch sehr selten. Ihn gibt's nur bei 2 Schlägen unter Par.

Ehre:
Das Recht, als Erster abschlagen zu dürfen.

Etikette:
So nennt man das richtige Verhalten auf dem Golfplatz und beim Spiel.

Fore!:
Warnruf, wenn der Ball jemanden treffen könnte.

Hacker:

Kein sehr schmeichelhafter Ausdruck. So nennt man jemanden, der mehr ins Gras hackt, als dass er den Ball trifft.

Handicap:

Das Handicap (Hcp) gibt Auskunft über deine Spielstärke.
Bei Platzreife hast du Hcp -54.
Pros haben meist 0 oder noch besser, das bedeutet sie spielen ein Par 5 mit 5 Schlägen, usw.

Vor der Zahl musst du dir ein Minuszeichen denken, denn es nennt die Anzahl der Schläge, die man schlechter ist als die Platzvorgabe.
Im Turnier bekommt man für die gleiche Anzahl von Schlägen bei unterschiedlichen Handicaps unterschiedlich viele Punkte (Stableford). Dadurch können alle Golfspieler, egal wie gut sie sind, miteinander ein Turnier spielen.

Hole-in-One oder Ass:
Das ist das absolute Kunststück. Dein Abschlag landet hier direkt im Loch.

Hook/Slice:
Captain Hook ist hier nicht gemeint. Der Ball driftet nach dem Abschlag nach links/rechts ab.

Kurzes Spiel:
So nennt man Putten und die Annäherungsschläge zum Grün, Pitchen und Chippen.

Langes Spiel:
Das sind möglichst weite Schläge auf dem Fairway mit Hölzern und Eisen.

Loft:

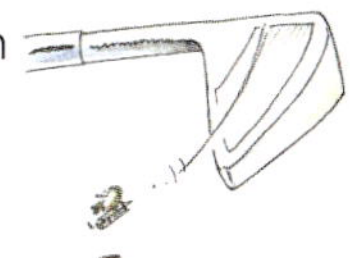

Das ist nicht nur die Rutschbahn für unseren Igel sondern bezeichnet auch die Neigung der Schlagfläche des Schlägers.

Luftschlag:

Obwohl der Ball nicht getroffen wurde zählt der Schlag, wenn es ein gezielter Schlagversuch war.

Par:

Ist die Anzahl der Schläge auf einer Spielbahn, die ein sehr guter Spieler braucht, um den Ball ins Loch zu spielen.

Pitchgabel:

Das ist eine kleine handliche Gabel, mit der du die Pitchmarken ausbesserst.

Pitchmarke:

So nennt man die kleinen Dellen auf dem Grün, die der Ball manchmal verursacht.

Pitchschlag:
Er führt zu einem hoch geschlagenen Ball, mit nur kurzer Flugphase und geringem Rollweg.

Provisorischer Ball:
Schont deine Beinmuskeln und spart Zeit! Spiele ihn, wenn du nicht sicher bist, ob dein Ball im Aus oder verloren ist.

Wedge:
Das ist der Schläger mit dem größten Loft. Der Ball fliegt hoch und nicht so weit.

Jetzt geht's ins Detail: Spezialwissen für Superexperten

Backspin:
Beim Schlag erhält der Ball einen Rückwärtsdrall. Je mehr Backspin der Ball hat, desto weniger rollt er auf dem Boden aus.

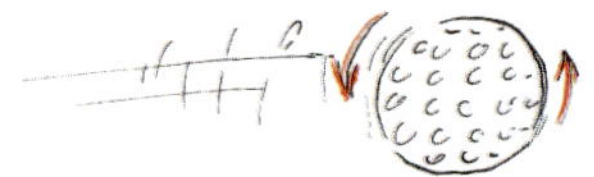

Draw:

Ein Draw ist ein absichtlicher Hook, bei dem man den Ball bewusst mit einem leichten Linksdrall spielt. Dies funktioniert durch einen starken Griff.

Fade:

Ein Fade ist ein absichtlicher Slice, das heißt, der Ball fliegt eine leichte Rechtskurve. Dies schafft man durch einen schwachen Griff.

In and Out:

Das ist keine Liste, wer besonders beliebt ist, sondern bezeichnet die Bahnen mancher Golfplätze, bei denen das neunte Loch am weitesten vom Clubhaus entfernt ist.

Die ersten 9 Löcher spielt man weg vom Clubhaus (out), die zweiten 9 Löcher wieder zurück (in).

Lady (oder Girlie):
Missglückter Schlag vom Herrenabschlag, der nicht mal über den Damenabschlag hinauskommt. Das kostet eine Runde.

Lob:
Sehr kurzer, hoher Schlag auf das Grün.

Longest Drive:
Das ist ein Turniersonderpreis für den längsten Abschlag bei einem vorher festgelegten Loch.

Longhitter:
Spieler, der den Ball besonders weit schlägt.

Marshal:
Nein, wir sind hier nicht im Wilden Westen. Damit es aber auch dem Golfplatz ordentlich zugeht, sorgt oft ein Ordnungshüter für zügiges Spiel und Einhaltung der Etikette.

Mulligan:
Das ist der zweite Versuch nach einem missglückten Schlag, nicht zu verwechseln mit dem provisorischen Ball. Er ist eigentlich nicht erlaubt.

Nearest-to-the-Pin:
Das ist ein Turniersonderpreis bei einem Par-3-Loch, den derjenige bekommt, der beim Abschlag am nächsten bei der Fahne landet.

Schwacher Griff:
Das heißt nicht, dass du den Schläger nun besonders locker hältst. Wenn du von oben auf deine Hände blickst, siehst du als Rechtshänder von deiner linken Hand nur einen Knöchel. Der Schläger ist also etwas gegen den Uhrzeigersinn gedreht. Der Ball fliegt eine leichte Rechtskurve.

Socket:
Missglückter Schlag, bei dem der Ball steil rechts zur Seite fliegt.

Starker Griff:
Das bedeutet nicht, dass du den Schläger hier besonders fest hältst. Wenn du von oben auf deine Hände blickst, siehst du als Rechtshänder mehr als 2 Knöchel. Der Schläger ist also etwa im Uhrzeigersinn gedreht. Der Ball fliegt eine leichte Linkskurve.

Sweet Spot:
Das ist der perfekte Treffpunkt auf dem Schlägerblatt.

Tiger-Line:
Gab es schon vor Tiger Woods. Sehr weiter, riskanter Schlag in direkter Linie zum Loch, als Abkürzung zum Beispiel eines Doglegs.

Toppen:
Der Ball wird zu weit oben getroffen und kann so nicht hoch genug fliegen.

Vorgabe:

Es gibt Stammvorgabe und Clubvorgabe. Die Stammvorgabe gibt kommagenau das offizielle Handicap eines Spielers bis Hcp -36 an. Für schlechtere Spieler gibt es die inoffizielle Clubvorgabe zwischen -37 und -54.

Waggle:

So nennt man das Hin- und Herbewegen des Schlägers in der Ansprechposition. Damit wirst du locker und spürst das Schlägerkopfgewicht.